光が闇を消す如く

谷口清超

日本教文社

はしがき

　この世の中には、とても数えきれないほどの出来事がおこる。中には幸福な、たのしい事もあるが、悲惨な事件もある。その最大なものは天災であったり、人災である。後者の筆頭は戦争だろうが、これは古代の人々から始められ、新世紀二千年になっても、まだ行われている。他の動物たちも、天災にあうが、人によって殺されたり、捕獲され、暗い場所に閉じこめられたりすることも多い。

　しかし、このような現象は、本当はナイのがよろしい、と誰でも思う。というのは、全ての人々の心の奥底には、幸福や繁栄を切に望む心があり、病気や不幸や災難をいみきらう心があるからだ。それは他の動物たちでも同じだろう。植物ですら、周囲の樹木が伐り倒されたりすると、自己防衛のために特殊の物質を分泌し出して防衛しようと身がまえると言われる。傷つけられれば、すぐさま樹液を出して、治癒能力を発揮する。細菌でさえも、薬に対して抵抗力をつけ、その種属の保護を計るのである。

このように、人の世では暗い面もあるが、明るい面もある。暗い面を見れば、「世の中は闇だ」と言うかも知れないが、その闇の中でも、一本のマッチの火が、たちまち明るさをもたらす。何千年続いた闇でも、一本のマッチ、一本のローソクで消えるのである。つまり光に対して、闇は全く無力なのだ。一億年昔からの絶対暗黒でも、一本のローソクで瞬時に消えさる。それは何故か、非実在だからである。アルように見えてもナイのが非実在だ。単にアルかの如く見えているだけである。

そのような非実在、〝実在にあらざるもの〟が現象界なのである。そしてこの実在の実相が完全であり、不死不滅であり、「常・楽・我・浄」であることを教えかつ説くのが正しい宗教であって、われわれは全て、この実在界の中につつまれているのである。

ここに「つつまれて」と言ったのは包括されてという意味であり、そこに内在するということだ。人間もここに包みこまれていないと、実在しない、ナイということになってしまう。この「実在界」を「神の国」と言ったり、「極楽浄土」と表現するならば、その中にいない者はナイのだ。全てがそこにいるということである。従って、人間を罪人というのはちょっとおかしいので、「神の子」といったり「仏」と称するのが正しいといえるであろう。

それは人が何か土産物を買って、それを知人に差しだすとき、いくら厳重に包装してあったとしても、

「これは包み紙です」「これは入れ物です」

とは言わないで、中味の「カマボコ」や「くだもの」や「おかし」や「チョコレート」を言うのが当り前だろう。外側の「包み」はたしかに目には見えるが、それは単なる外物であって、本当はいらないものであり、中味こそが大切である。罪人のつみという言葉が、「包み」という語源であり、「罪」という漢字のもとは网《あみ》であって、魚をとるための竹の囲《かこい》を言った。つまり中味ではなく、それを包んでいる囲であり、外側の非実在なのだ。(网が罒《あみがしら》と変形した)

それ故、人間もその外側の包みを見ると、「罪人」であり、まるで囚人のようで、肉体や五官にとらわれているが、本当は永遠に不死・不滅であるところの

「神」であり「仏」なのである。これを知り、その正覚を得るとき、あたかも光が闇を消す如く、全ての悪や不幸や恐怖や心配、取り越し苦労、持ち越し苦労が消え去ってしまうのである。この光のことを「尽十方無礙光如来」と讃めたたえた先人の慧智《えち》は、まさに「光」そのものであったと言えるであろう。

谷口清超しるす

平成十二年二月十日

光が闇を消す如く　目次

三　裁くものは誰か

四　救いのみ手とは

装幀　著者

一　赦しと和解

罪

『罪は実在なりや？』とまた重ねて天の童子は問う。
天使《てんのつかい》の答うる声聞えて曰く、
すべて真実の実在は、
神と神より出でたる物のみなり。
神は完全にして、
神の造りたまいしすべての物も完全なり。
然らば問わん。汝は罪を以て完全となすや？
此の時天の童子答えて曰く——
『師よ、罪は完全に非ず』と。

—聖経『甘露の法雨』「罪」の項より—

「人生学校」で学ぶ

知恵や愛をのばす

この世の中では色々な事件が起こる。楽しいこともあるが、苦しいことや嫌《いや》なことも沢山《たくさん》ある。しかしこれらは全て「何かを教えていてくれる」のだ。言いかえると、世の中は一つの大きな学校のようなもので、人は皆この「人生学校」に入学して、知恵をつけ、愛を学び、魂を向上させてゆくのである。こんな話をすると、学校嫌いな人は、「イヤダナー」と思うかも知れないが、いくらイヤでも人生学校に入学した以上は、そのことを知って「学校が大好き」にならなくてはならないのである。

何故《なぜ》なら、好きになると、人生が楽しくなる。そして学習がドンドン進む。そして人生学校の優等生として〝卒業〟する。つまり年をとってやがて死ぬ。その死に方も立派であって、ジタバタして苦しんで死んだり、悲惨《ひさん》な状態で死ぬのではない。大往《だいおう》生《じよう》をとげるのだ。すると次の〝人生学校〟に入学する。丁度《ちょうど》中学校を卒業すると、高等学校へ入学するようなものだ。その間〝春休み〟があるように、この世を終って、次の世（次生《じしょう》という）に生まれるまでの準備期間に「中陰《ちゅういん》」とか「中有《ちゅうう》」とかという〝春休み〟のような準備期間がある。その間は休息したり、反省したり、次の生れ変りの入学準備をしたりするのである。

こうして次生の〝人生学校〟に入ることになるが、この世では、前世《ぜんせ》の「人生学校」でよい成績をとった者がよりよい次の〝人生学校〟に生まれることになる。それは丁度中学校の成績がよいと、次のよい高校に入学できるようなものである。つまりその人の魂の勉強に一番ふさわしい人生へ生まれてくるということであって、必ずしも「有名校」といった意味ではない。というのは、人は皆《みな》本当は「神の子」（神）であり「仏」であり、「不死・不滅」であるが、「人生学校」という現実の人生は、その神の子が心で現し出す〝仮の生活舞台〟だからである。本当の「神の子」はすばらしくて完全だが、その完全さを充分現していない。まだ心が未熟で、完全さを充分みとめていない「幼な児《ご》」のようなものだから。しかし心が成熟して来ると、次第に完全さを認めるようになってくる。それにつれて、その認めただけの力を現し出す。つまり「人生学校」で学んで知って認めただけの愛や能力を、次々に表現してゆくのである。

それは丁度生れ立ての赤ん坊は、何も知らずに眠ったり乳をのんだり、指をしゃぶったりしているだろう。しかしその赤ん坊が成長するにつれて、段々知恵を増し、能力を出して、愛も次第に拡《ひろ》がってくる。最初は「愛してもらうだけ」だったのが、やがて親や兄弟姉妹を愛するようになり、さらに友達を愛し、動物を愛し、さらに恋人をつくったり、子供を生んで家庭を作り、愛を拡げ高めて行くように、全てにおいて成長するのである。

魂と肉体との関係

例えばこんな実例がある。四国のある町に住んでいる真知子さん（仮名・昭和五十年十二月生まれ）は三歳の時、母を失った。ある日祖母の家に兄たちを迎えに行く途中、母が運転する車が事故を起こした。真知子さんを車に乗せていた母は、彼女を抱いたまま、救急車に乗せられ病院に運ばれて死んだ。それから三年後、父が再婚した。その母も再婚者で、真知子さんと兄二人が父の連れ子、姉一人が母の連れ子だった。この継母《つぎはは》さんには別にもう一人の女の子がいたが、前の夫と離婚する時、夫の方に引き取られた。こんな複雑な家庭だったから、真知子さんには色々の問題が出てきた。かなり難しい人生学校に入学したというわけだが、しかしこのようなコースを取ることが、彼女には一番適当な勉強方法だったのである。

　こうして継母さんは、四人の子供達を育ててくれたが、どういう訳か真知子さんを差別した。嫌っていて、本当は顔を見るのもいやだったという。当然彼女はよく叱《しか》られたし、姉からも文句を言われた。だから真知子さんは、前の母が死ぬとき、どうして私を連れて死んでくれなかったのか――と思い悩むのだった。

　ところがそんな日がいつまでも続くわけではない。というのは、この母は二十年ほど前から生長の家を信仰し、何とかして真知子さんを実の子と同じように愛したいと思っていたからである。親と子は、よく「血がつながっている」と言うが、本当は霊（ち）のつながりであり、肉体の血の連続ではない。だから血液型などが違う。肉体は人間の魂の使う〝道具〟であり、中身の魂が親と子の関係にある者がこの世で親となり子となるからである。だから連れ子の兄弟姉妹でも、本当の兄弟姉妹と同じことだ。継母さんはそのような根本原理を教えられていたから、真知子さんを愛したいと心では念願したが、どうしても可愛がれなかった。しかもその難問は、夫が自分や自分の連れ子たちに対する言葉や態度が冷たいので、それと重なり合って、彼女（継母さん）の人生学校の課題となっていたのである。

　そこで母はしばしば地方講師*の先生に相談に行き、どうしたら家族たちを平等に愛し、夫と仲よく暮らせるかを学んでいた。するとそのうち、母は真知子さんの兄弟たちが四人も流産児になっていたことを知り、その四人の水子さんの供養をしはじめた。このような過去の流産児（水子さん）の発見は、結婚や再婚の場合に起こることがあるが、自分が直接行った堕胎《だたい》でなくても、その被害を受けることがある。というのは親子兄弟姉妹は、霊魂としては、肉体の血縁の別によるものではないからである。

不殺生について

それは「肉体が本当の自分ではなく、自分の霊魂の使う〝道具〟だ」という根本原則によっている。従って自分が今父と呼び母と呼び、兄弟姉妹と呼んでいる人々は、舅《しゅうと》姑《しゅうとめ》を含めて、全て「本当の父母兄弟姉妹だ」と思えばよい。判《わか》り易《やす》い例で言うと、肉体は霊魂の着ている〝衣服〟だから、今使っている衣服がどこの国で作られたものであっても、正当な手続きで得たものであれば、「私の洋服だ」と言ってよいだろう。イギリス産の羊毛で作ってあっても、国産の羊毛であっても、その羊がオーストラリアで養われたものであっても、要するに正当に買ったりもらったりした洋服は「私の洋服だ」と言えるようなものである。

さらに又堕胎した子供でも、正常に出産した子供でも、「自分の子供」であることに変わりはない。ところが国によってはある妊娠期間中は胎児を人工流産することが認められていて、その間の人工流産は（条件付きだが）合法的だと言われている。しかし、霊魂の立場から言うと、妊娠のごく初期から「その父母の子」として、その肉体を自分の好みの肉体に作って行く。だからたとえ妊娠の途中で堕胎された時も、それは「殺された」のと同じである。そこで「子供を殺した父母」には、それ相当の刑罰が科《か》せられる。肉体的には免除されていても、霊魂的には「業《ごう》」として残るのだ。だから昔から仏教でもキリスト教でも、「不殺生《ふせっしょう》」の戒律《かいりつ》として一番重く考えられていた。それを「女性の生まない権利」などと言い、未婚既婚を問わず堕胎する行為は、その当座は「これで楽になる」と思っていても、決して本当に楽にはならず、こうして先送りされた「悪業」は、いつかは何らかの形でつぐなわれなければならなくなり、それが精神的、肉体的な苦痛や難病や事故死や傷害の形で出てくるのである。そして又そのような苦痛の解消を願望する中で、「人生学校」はそれを教材として、「汝《なんじ》、殺す勿《なか》れ」という命題《めいだい》を根気よく教えてくれるのである。

勿論《もちろん》この「不殺生」の戒律は、人命ばかりについてではなく、生物全般に及んでいるが、その間に軽重の差はある。猫一匹を殺すのと、十匹を殺すのとも差があるが、それを人間をどう殺すか、多数を殺害するか、テロでもって殺すか、未必《みひつ》の故意《こい》で殺すか等々によって、夫々《それぞれ》グレードが異なって来るのだ。それ故、毒ガス等で不特定多数を殺傷したような場合の悪業は、一人や二人の人間を「刑罰」から救うという目的があったとしても、「〇〇団体の崩壊を救う」という目的があっても、そんなこととは全く比較にならぬ〝悪業〟を犯したことになるのである。

ことに堕胎した場合には、他の正常に生んだ子供との間に、大きな〝差別待遇〟が起こっているので、当然複雑な問題が生ずる。最近は「少なく生んでよく育てるのだ」というが、出生児が少なくなると過保護になりやすく、その教育のために大金を投じたりする。一方堕胎した子供には、一回も乳を与えず、抱きもせず、愛の言葉もかけてやらない。そんな「水子たち」とのうけた差別待遇は大変なものだ。（堕胎ではなく、妊娠をしないように避妊《ひにん》した場合には、まだ胎児となっていないから水子も出来ず、このような差別待遇は起こらない）

供養と懺悔

以上のような理由により、その殺した人々の霊魂を供養《くよう》し、殺生の罪を反省し懺悔《ざんげ》するということは、霊魂に対するお詫《わ》びになるから、大いに罪過《ざいか》の軽減となり、実相を観《かん》ずるという大懺悔（神想観＊）と共に、是非やらなくてはならない人生学校の教育課題となるのである。

そこで真知子さんの母が教えられて、四人の流産児の霊の供養（毎日の聖経《せいきょう》読誦《とくじゅ》等）をやり始めると、次第に真知子さんに対する嫌悪《けんお》の思いが消えて行き、さらに宇治の別格本山に永代供養*を申し込んでからは、親子の愛情が感ぜられ、夫との不調和も解消の方向に進んだのである。こうして家庭の中には、親子兄弟姉妹の差別感がなくなり、「本当の親子」の愛が湧《わ》き出たのであった。

すると真知子さんは他人からも、

「お母さんとそっくりだね」

とか、兄弟姉妹も「似ているね」などと言われるようになり、肉体の血のつながりまで感ずる人たちも出て来たのだった。そんな言葉を聞くと、真知子さんは嬉《うれ》しくてたまらなかった。こうして人生学校の課題も一つの山を越したが、それで人生の教材が全て終った訳ではない。やがて次の問題が現れた。

それまでの父は、仕事一点張りの生活だったが、急に遊び始めた。母はそれも加わっての更年期障害で、床につく日が多くなった。すると父はますます母の嫌うある女性と毎日遊び回るようになった。そのため母は父を憎み出し、身も心も疲れ果て、平成六年の三月には思い切って一般練成会*を受けに行った。そして自分の夫に対する愛の表現が不足していることを、〝彼女〟が教えてくれたのだと反省し、夫とこの女性とに対する憎しみを消し去った。即《すなわ》ち光が闇《やみ》を消すように、讃嘆と感謝の言葉は、光となって、憎しみの闇を消し去るのである。

やがて身心の健康を取りもどした母は、家に帰って来てからも、真知子さんを娘として愛することが出来、身体も一層健康になり、「今が一番幸福な時よ」と、心から喜んでくれた。しかしまだ真知子さん自身にとっての〝人生課題〟は解決されていなかったようである。

好きな人・ウソ・不倫

彼女は平成六年三月に高校を卒業して、ある会社に就職し、その会社で、「好きな人」が出来た。ところがその男性は、すでに妻と子がいた人であり、恋愛の相手としてはふさわしくなかったのである。しかし現代では、男女の愛が何ごとにも優先し、「愛してさえおれば」不倫《ふりん》でも不義《ふぎ》でもかまわない、と思う人が増えて来た。ことに真知子さんの場合は、まだ十代の後半で、本当の愛の何たるかを知らず、「好き」と「愛」との区別もハッキリとは学んでいなかった。父と女性との浮気が、どんなに母を苦しめたかの実感も充分でなかったのだろう。愛とは、相手をこちらに奪い取ることではない。その愛が人々を苦しめることであっては、ニセモノの愛であり、「神は愛である」という〝本物の愛〟ではないことを学ぶ必要があったのだ。

しかも彼女の父は以前から、彼女にこう教えていた――

「たのむから、奥さんと子供のいる人だけは、好きにならないでくれよ」

それまで真知子さんは自分で、

「そんなことは絶対にあり得ない」

と思っていたので、そんな父の心配を笑って聞き流していた。けれども遂《つい》に父の心配した通りのことが起こった。これは「心に強く描くことが実現する」という「心の法則」にもよるが、父にとっては、自分でやった浮気の悪業が、自分の娘によって自分の身に降りかかって来たという〝業《ごう》の報《むく》い〟の実例でもある。

こうして真知子さんはひそかに妻子ある男性と付き合いはじめたので、毎日のように父母に嘘《うそ》を言った。

「今日は友達と遊びに行く」

「仕事で遅くなる」

などと胡麻《ごま》かしたが、こんなウソが好い結果をもたらすことは絶対にありえない。というのは業の法則は、その最終目的に対してではなく、取る〝手段〟に対して出て来るからである。いかに地上天国を目指していても、その手段が人を傷つけ、人々をあざむく手段であっては、目的実現は崩壊する外《ほか》はないのである。こうして胡麻かしていた真知子さんは、バレルことを恐れて、自然に親との会話を少なくして、家の中でも孤立した。そんな生活が二ヵ月程続くと、彼女は次第に苦しくなり、いつまでもこんな生活が続くはずはない――と思い出したのである。

そんなある日、彼女の部屋に残してあった男性からの手紙が見つかり、彼女の不倫関係が発覚した。これは彼女自身の失敗でもあるが、実は彼女の良心の〝自己処罰〟でもあった。生長の家の教えを知っていた彼女自身が、自から〝失錯《しつさく》動作〟として、証拠の手紙を部屋に残したのである。

その結果、彼女は会社をやめさせられ、その男性も父母からひどく叱責《しつせき》された。しかしその当座、真知子さんは父母に対して反抗ばかりした。ことに父に対しては「自分だって遊んでいるくせに！」と思って憎んでいた。だから彼女はもっぱら彼のことばかり考えて、彼の奥さんのことなど考える余地がなかったのである。けれども姉と母から宇治の練成道場に行くことを強くすすめられ、遂に「家を離れたい」という気持からも、宇治の道場にやって来た。その三日前に、どういうわけか、

「親に感謝できるまで、帰って来ないよ」

と言う言葉が出てしまった。しかしこうして練成を受けているうちに、彼女よりももっと辛《つら》い境遇の人たちや、病気や不幸や災難の中で苦しんでいた人々がいたことに気付き、何と意気地ない自分だったのだろうと思い始めた。ことに楠本講師の「父母の愛を求めて」という講話を聞いた時、親に甘えて正道をふみ外《はず》した自分の愚《おろ》かさに気付き、涙が流れ出て止まらなかった。彼女は「自分だけは親に愛されていない」と思っていた。他の兄弟姉妹に対する母の態度が気にいらず、自分にはいつもおこってばかりいるとスネていた。それを見ていて何も言わない父にも腹が立った。「私はいらない子なんだ」と思いつめたが、本当は兄弟姉妹の中でとても愛されていたのだと気付いた。こうしてやがて一切の執着の苦しみから解放され、相手の男性の幸せも祈ってあげる気持になり、生長の家の教えをより深く知り、明るく急速に立ち直って帰宅したのであった。

＊地方講師＝自ら発願して、生長の家の教えを居住都道府県で伝える、一定の資格を持ったボランティアの講師。
＊神想観＝生長の家独得の座禅的瞑想法。詳しくは谷口清超著『神想観はすばらしい』参照。

＊宇治の別格本山＝京都府宇治市宇治塔の川三十二にあり、生長の家の各種宗教行事が行なわれている。

＊永代供養＝亡くなった御霊に対して、永く真理の言葉を誦し続け、その魂が解脱、向上することを祈願する供養。生長の家宇治別格本山で実施している。

＊一般練成会＝合宿形式で生長の家の真理を学ぶ会の一つ。

夫と妻と女性

針と糸

夫と妻との間は、針と糸との間柄のようなもので、どちらか一方だけでは着物を縫《ぬ》うことはできない。針でトゲを抜いたり、どこかを刺戟して治療に役立てたりすることは出来るだろうし、糸でどこかをくくりつけることは出来るが、着物や洋服を縫い上げるような「大きな仕事」は出来ないのだ。最近は日本でもシングル・マザーといって、結婚しないで、女性一人で子供を持ちたいという人も出て来た。それでも母性的な悦びの一部は味わえるし、仕事も出来るが、人生全般の「大きな悦び」を味わうことは、中々難しい。それは目が二つそろっている人の方が、片方しかない人よりも、より広く立体的に物が見えるようなものである。従って事情がゆるすならば妻と夫とは二人で力を合わせて、調和した家庭を作り、価値ある仕事を成しとげて頂きたいものである。

ところで夫と妻が「針と糸」という場合、どちらが針で、どちらが糸かとなると、どうしても堅《かた》い針の方が夫で、やわらかく物を守り維持する糸の方が妻ということになる。その結果（というと少し変だが）妻は夫について行くこと、あたかも針に糸がついて行くようにしないと着物などは縫えないのである。糸自身はどんなに立派でも、そういう結果になるのであって、これは生長の家で説く「男尊女尊」即《すなわ》ち男女どちらも平等に尊いという原則と少しも矛盾しない。人間としての尊厳は、男女とも同じだが、その働き具合は自から異なってくる。それは丁度《ちょうど》、茶碗の蓋《ふた》と身《み》の如《ごと》く、針と糸の如くである。しかもこれは、結婚して一組になっていない男女の間には当てはまらない。女性が男性について行くというような一般論にすると、凡《あら》ゆる女性は男性についてどこへでも行かなくてはならなくなるし、これでは大変な社会的混乱が起るであろう。勿論《もちろん》夫のある妻は、夫以外の男性の言う通りどこへでもついて行ってはいけないし、妻子ある男性と不倫の関係に陥《おちい》ってはならないのは当然である。夫の方から言っても同じことで、妻子をないがしろにして、別の女性と性的関係に陥ることは不倫行為であることに変りなく、その結果は必ず不幸になるのであって、とても幸せであると感ずるのは一時的〝錯覚〟という外《ほか》はなく、永い人生の間には、「業《ごう》の法則」に従って、善因には善果が現れ、悪因には悪果がもたらされるのである。

夫に知らせるべきか

例えば、平成七年九月十八日の『読売新聞』の〝人生案内〟欄に次のような記事がのっていた。先ず質問の項だが――

『三十代の主婦。三つ下の妹のことで相談します。

妹は五年前から、本人の夫や私の主人と同じ職場の同僚と深い関係を続けています。これまでさんざん相手と別れるように勧めましたが、無駄でした。相手の男性は主人の部下です。

このことは私一人しか知らず、悩んでいます。どうしたらよいものか、妹の夫には内証にしても、私の主人に打ち明けるかどうか迷っています。

相手にも家庭があり、私が妹との仲を知っていることを承知のうえで、何事もないように主人とも付き合っているようです。私の取るべき態度についてアドバイスをお願いします。

（神奈川・T子）』

さてこの文章の最後に書いてある「主人とも付き合って」というのは、姉さんの御主人、即ちT子さんの夫であり、妹さんの相手の男性の上司に当たる人で、妹さんの義兄でもある人のことであろう。

これは中々難しい問題で、夫に打ち明けたからすぐ解決が出来ることでもないし、打ち明けないで黙っていたから、よりよく解決できるのでもない。しかしいずれにしてもこの不倫関係は「解消すべきである」ということに反対する者はいないだろう。回答者の落合さんも書いておられる通り、まず妹さんに、T子さんの気持をよく伝えて、「別れなさい」と言うべきだが、それはすでに散々《さんざん》勧《すす》めたが「無駄だった」と書かれている。さらに妹さんの行動について落合さんは、

『（中略）彼女の夫への重大な裏切り行為であること。また、相手の妻への裏切りでもあること。さらに、結果的に周囲の人間……あなたやあなたの夫をも……巻き込んで、さらに苦しめることになるであろうこと。彼女も、彼女の相手も、だらだらとした関係を続けているのは、結局は自分を大事にしない怠惰な日々でしかないこと。

もし、現在の結婚生活に満たされないものがあるなら、きちんと決着をつけるべきこと。いつかふたりが、特に彼女がどんなに傷つこうとも、自業自得。

しかし、罪もない周囲のものを傷つけることは許さない、と突き放すしかないのではないでしょうか。』

この回答もその通りである。しかし私は、この件について、やはり夫にも相談して、共に解決に当たる方がよいと思う。その理由は、この事件はちょっとした買物や友達との約束とはちがって、一般的には解決が永びく。丁度針と糸との関係から言うと、「着物を縫う」ような大きな仕事であるから、夫と妻との心がしっかりと結びついて、共同で始めた方がよい。人によると、「夫には余計な心配をかけたくない」という考えもあるだろうし、落合さんも最初の所でそのような意見ものべられていたが、その回答文の中にも、この問題がこじれると、

「結果的に周囲の人間……あなたやあなたの夫をも……巻き込んで、さらに苦しめることになるであろうこと」

と書いておられる。そうなってから後で夫に告げるよりは、もっと早くから夫と共同してそうならないように、よく相談してやられる方が、夫をむだに心配させない配慮よりも、良策だと思われる。ことに夫の部下の男性がその相手だということになると、上司として早く事を解決したいと思われることは明白だろう。又《また》夫にとっても、妻の心配事に全く無関心でいる方が「楽でよい」というような人はほとんどいない筈《はず》だ。

よく癌《がん》の診断をうけた場合でも、患者本人には知らさないで、家族だけで心配して

悩み苦しむ人々もおられるが、世界の先進国では、大多数の方々が、本人に知らせて、心を一つにして治療に立ち向かう方向をとるようになってきている。そしてその方が治りもよいし、一時のショックや心配を克服して、延命にも生活習慣の反省にもつながるという結果になる。ただし日本の現状はまだ「本人にはかくしておく」率が高いという統計が、平成七年九月十一日の『日本経済新聞』夕刊にはのせられていた——

『がん患者への告知率は北欧や米国では八五％を超えているのに対し、日本は三〇％弱と低いことが、東北大医学部の濃沼《こいぬま》信夫教授（病院管理学）らが二十八カ国の医師を対象に実施した「がん医療に関する実態調査」の中間報告で分かった。

情報公開に対する考え方や、患者自らが治療方法を選択するという医療環境の違いが背景にあるとみられ、調査結果は十月十九日から神戸市で開かれる国際サイコオンコロジー（精神しゅよう学）会議で発表される。

それによると、患者本人に「がん」という病名を告知しているのは平均で五〇・八％。国別ではフィンランドが最も高く八九・三％、次いで米国八七・三％、デンマーク八七・二％の順。日本は平均より低く、二九・五％で、本人よりも家族に告知するケースが目立った。アジアではフィリピンが六〇・二％、中国が四一・三％と日本より高かった。（後略）』

このように日本人が「本音《ほんね》をかくす」傾向が強いのは、相手に心配をさせたくないという思いやりが強いという反面、それによって「事態がさらに先送りされるだけ」という点や、「周囲の人々が〝隠す〟ことによってどれだけ苦しむか」さらに又それにともなって「嘘《うそ》を言う」ことになる欠点とその悪い結果に目を逸《そ》らしているからであろう。正しい病名や、ありのままの現象をある人から隠した場合、どうしてもそれに関して嘘が出てくる。心にもないなぐさめを言ってみたり、「聞いた」のに「聞かない」といったり、「知っている」のに「知らない」と言う嘘は、永い目でみると決して好結果をもたらすものではない。吾々が「現象なし」というのは、現象が実相それ自体ではなく、本来の実在でないということであって、現象的事実を「知らない」ことや「かくす」ことが「現象なし」の意味ではないことを知らなくてはならない。そうでないと、病院に入っても「入らない」と言ってみたり、死んでも、「生きています」と言わなければならなくなり、それが死んだ人を生き返らせる何らの手助けにもならず、むしろ多くの人々を惑《まど》わすだけの結果になるようなものである。

夫に女性がいる?

ところが夫婦が心を合わせ、針について糸が進むということになると、夫婦の間に出来かかった溝も必ず埋まるし、夫のよさや妻の誠実さがよく通じて、一時の苦しみや悩みをのりこえ、実在世界の大調和や、その美しい秩序性を回復して行くことが出来るものである。

例えば〇〇県に住んでおられるSさん（女性）は、地許の役場に三十年もつとめ、その後停年でやめてからは、気楽に明るい毎日を送っておられた。そのようなSさんがまだ役場に勤めていたころ地許の講師の方が訪ねて来て、生長の家の普及誌*を下さった。その後彼女は退職したが、二人の子供はすでに成長し、夫々《それぞれ》家庭を持って独立していたので、Sさん夫婦は二人切りの自由に何でも出来る身分になった。そこで朝夫を送り出した後Sさんは、好きな民謡と三味線のお稽古《けいこ》や人形作りを楽しんでいたのである。

そのようなある日、未知の若い男性から電話が入った。Sさんの夫に女性ができていて、その間に二十三歳になる娘まである――というのだ。Sさんはびっくり仰天《ぎょうてん》して、何も考えがまとまらないまま、二日たってからやっとお嫁さんに事の次第《しだい》を相談した。するとお嫁さんは、今夜皆《みな》してお父さんに聞いてみましょうと言ってくれた。しかし一方Sさんは「あれがいたずら電話であってほしい」と願わずにはおれなかった。今まで夫にそんな女性がいるなどと、全く考えてもみなかったからである。

ところがその夜問いただすと、夫はこの事実を隠したり、嘘を言ったりせず、「私がわるかった」と素直にあやまってくれた。その夫の姿を見た時、Sさんは血の気が引いた。もうどうしていいか、さっぱり分らない。彼女は結婚して以来、今までしたこともない畑仕事を一所懸命《いっしょけんめい》でやった。そして明治生まれの姑《しゅうとめ》に四十年間も一心につくして来た。姑さんは晩年足が不自由になったので、半年ほどはそのお世話ばかりした。だのに、夫に女がいて、子供までいたとは……

「私は一体何だったの？　家政婦だったの！」

と思わず叫んでしまった。まだ充分信仰のなかった彼女は、神も仏もないのかと思った。何事も手につかない状態で、体重は七キロも減った。かつて生長の家の普及誌をもらいながら、本気になって読まず、もらったことも忘れていたので、心配のあまり近所の人にさそわれて、家系とか因縁についての話を聞きに行ったりした。その宗教のビデオを見たり、家系図を作らされたり、やがて多額の献金までさせられた。

唯心の所現を知る

しかし、どうもSさんの心にはピッタリしないし、彼女の求めていたものとは違うと思う。罪とか因縁とかを強調されるから、不安になり、心は少しも休まらない。だから彼女は段々その話を聞きに行かなくなった。そのころかつて生長の家の普及誌を下さった地許の人が、又Sさんの家を訪ねて来た。Sさんがその人に、苦しい心の中を打ちあけると、その講師さんは親身になって相談にのって下さり、本当の信仰について色々話をされ、一番いい時にあなたは事実を知らされた、心の傷は神様によって癒《いや》される、本当の世界は大調和の神の国であり、それ以外に罪も悪もけがれもない。全ての人は皆神の子だということを話され、

「練成会に行きましょう」

とさそってくれた。そこでSさんは初めて生長の家の練成会なるものに参加した。すると明るいいたのしい雰囲気で、感謝の生活をする人たちが一杯いた。こんな世界があったのかと、Sさんは驚いて、「感謝する」ことの尊さを知った。今までのSさんは、何でも当り前だと思って、恵まれた健康にも環境にも、感謝してはいなかった。教化部長*さんも個人指導して下さって、夫との不調和は必ず解決すると教えられ、罪や因縁《いんねん》を強調する〇〇〇会とは縁を切り、生長の家に入信されたのが平成四年九月のことだった。

その後Sさんは『甘露の法雨』*を読誦《とくじゅ》し、先祖供養を行い、さらに練成会にも参加して浄心行*を行った。誌友会*にも行き、聖使命会員*となり、さらに夫の相手の女性と

その家族の幸福を祈り、先祖供養までしたということだ。すると半年ほど経《た》ったころ、思いがけぬことが起ってきた。それはSさんの心が変り、人々を祝福し感謝する心に変化して来た結果に外《ほか》ならない。今まで二、三年間放ってあった田んぼにアパートを建てる工事にかかった。すると屋敷囲《やしきまわ》りもきれいに改修されたが、何よりも気がかりだったのは夫の女性とその娘さんの問題だ。その娘さんを夫が裁判で正式に認知することが決まり、それ以外は母子とも今後は一切関係しないと言って、身を引いてくれたのである。

こういう結果は、Sさんが相手の女性を恨《うら》んだり憎んだりしている時は中々起らないもので、相手を悪人と見るか、善《よ》い人で「神の子だ」と見るかで、大いに変化するものだ。それはこの現象界が「唯心所現《ゆいしんしょげん》」であり、心の思うように現れるという原則があるからである。しかしSさんはまだ夫を恨まず、憎まずという訳《わけ》には行かなかった。その後も長い間夫をせめて、苦しい生活を送った。しかし生長の家の教えでは、天地一切の者に感謝するのであって、〝夫だけは例外〟ということはありえない。だからSさんは何とかしてこの苦痛を解消したいと思い、真剣に「神想観」をし、聖典を読んでいると、やがて全ての現象は自分に責任があるということを知ることが出来た。そして全てを神に全托し、一心に「神想観」を行う道を進んだのである。

すると次第に夫の気持が分り始めた。それまでのSさんは慣れない仕事を一所懸命にやり、姑《しゅうとめ》さんばかりに気に入られようとして尽《つく》したが、夫には心くばりをせず、冷たい妻であったということを強く反省した。そして心から「申し訳ありません、悪い妻でした、ごめんなさい」とおわびをしたのである。以来御主人はとてもSさんの信仰に協力的になり、平成六年の講習会にはSさんと共に、家族中で行くことが出来るようなすばらしい家庭に変り、夫婦は大調和するようになったのである。

＊普及誌＝生長の家の月刊誌。「白鳩」「光の泉」「理想世界」「理想世界ジュニア版」の四誌がある。
＊教化部長＝生長の家の地方教区における布教・伝道の責任者。
＊『甘露の法雨』＝谷口雅春著。宇宙の真理が分かりやすい言葉で書かれている生長の家のお経。詳しくは谷口清超著『「甘露の法雨」をよもう』参照。（日本教文社刊）
＊浄心行＝心の中にある、憎しみや悲しみなどを紙に書き、生長の家のお経を読誦する中で焼却し、心を浄める生長の家独得の宗教行事。
＊誌友会＝生長の家の真理を学ぶ会の一つ。主に居住地域単位の日常的な集まり。
＊聖使命会員＝生長の家の運動に共鳴して、月々一定額の献資をしている人。

智慧と愛を知る

父の教育

近ごろはもう「子供の教育や躾《しつけ》は母親まかせでよい」と思っている男性は少なくなったに違いない。そうでないと、わが国の将来は、男性の係わり知らぬ国となりかねないからである。教育は学校で行われるよりずっと以前から、父母によって行われるということは、鳥や獣《けだもの》の生活を見れば、一目瞭然《りょうぜん》である。

「子供は父の後ろ姿を見て育つ」

と言われるが、後ろばかりではなく、前も、外面も内面もみて、育つのである。平成六年三月二十五日の『産経新聞』に、こんな投書が載っていた。

『　　　小山田隆信　27（東京都五日市町）

先日の夕刻、電車の中での光景である。私の向かい側の席で、四歳ぐらいの子供が足をバタバタさせていた。隣席では私と同年代の男性が書きものをしていた。子供の前には父親（三十代半ばぐらい）が立っていたが、注意もしない。

そのうち隣の男性がたまりかね、子供の足を軽くたたき「静かにしなさい」と注意し、やめさせた。さらに彼が父親にも「気をつけてください。一人で座っているんじゃ…」と言いかけると、「わかりましたよ！（あんたが）イライラしてるのはわかってるんだ！」とどなり返した。

この父親自身に「他人に迷惑をかけた」という自覚が見られない。確かに男性もいら立っていたのかもしれないが、それはともかくとして謝るべきだろう。結局降りるまで、父親が子供に注意する言葉は一言もなかった。

この子供はいずれ、父親の手に負えない少年に成長するだろう、と思った。わが子に非常識な名をつける親まで現れる昨今、「この親にして…」を実感させた出来事だった。（大学院生）』

この父親は座席に子供を座らせ、自分が立っていた。これは日本では珍しくない現象だが、外国では普通は大人が腰掛けて、子供を膝《ひざ》に乗せるか、股《また》の間に立たせて保護してやるものだ。そうでないと子供はいつになっても「大人は立って、子供は座る」ことを当然と思い込み、「大人に席を譲《ゆず》ること」を教育されないままになるからである。さらにこの父親は、自分の子供に、他人に迷惑を与えてはいけないという簡単な「社会道徳」すらも教えず、逆に「喧嘩《けんか》する」ことを教え込んだのであった。

これでは「この子供はいずれ、父親の手に負えない少年に成長するだろう」という投書者の予言どおりになるだろうが、この父親自身もまた、このようにして基本的道徳や他人への思いやりを教えられないで育って来た〝気の毒な男性〟だったのであろうと思われるのである。

因果律がある

さらに又、同日の同紙にはこんな投書も載っていた。

『　　　　　　　　　　　　　　　　　　　　　　　　　　　　山崎雅子　15（大阪市城東区）

私は毎日、地下鉄で学校に通っています。そこで思ったんですが、たしか地下鉄は終日禁煙なのに、みんなたばこを吸っている。

改札口を通るとき、吸っていても、駅員さんは知らん顔。そして電車がくると、灰皿がないものだから、ホームにほったらかし。

毎朝こんな感じなので、腹が立つ。禁煙にするのなら、きちんと呼びかける。たばこを吸ってもいいのなら、灰皿を置く。どっちかにしてほしい。

たばこを吸わない人にしてみれば、とっても迷惑。吸っている人はいいかもしれないけれど。大人なんだから、もっとまわりの人のことも考えて行動してほしいと思う。

一人が吸っていると、「あの人も吸っているんだから、いいや」って、一人、二人と吸いだす。地下鉄は普通でも空気が悪くて気分悪いのに、たばこの煙が加わると、朝から死にそうです。だれか、なんとかしてください。（高校生）』

これは大阪の出来事だが、東京の新宿でも同じようなことがあったのを、わたしはかつてどこかに書いた記憶がある。これでは十五歳の高校生の投書者の方が、はるかに「かしこいなあ」と言えるだろう。彼女は「大人なんだから、もっとまわりの人のことも考えて行動してほしい」と言っているが、まさにその通りだ。この世には「因《いん》果律《がりつ》」と言われる法則があって、これを宗教的には「因縁果の法則」とか「業《ごう》の法則」と呼ぶ。業を仏教では三つに分けて、身《しん》・口《く》・意《い》の三業と言うが、さらにこの世（現世）ばかりではなく、前世も来世も含めて考えるのである。これらの現象界を通じて「蒔《ま》いた種《たね》が生える」法則があるのであって、「善業《ぜんごう》」が「善果《ぜんか》」を生み、「悪業《あくごう》」が「悪果《あくか》」を齎《もたら》すのだ。それゆえ「人に迷惑を与えて」いて、いくらその時すぐ処罰されないからと言っても、その悪業を積み重ねて行くとやがて大きな悪業となり、その

うちドサッと「不幸な出来事」が出て来て、面食《めんく》らう。そうなってから、

「おれは何も悪くないのに、世の中は不公平だ」とか、

「神も仏もあるものか」

などと、〝健忘症《けんぼうしょう》〟ぶりを発揮しても仕方がない。一見この世は「不公平」に見えるかもしれないが、長い目で見ると、つまり現世や次生《じしょう》や後生《ごしょう》を通算してみると、必ず「善因」が「善果」を齎《もたら》し、「悪因」が「悪果」を齎しているのである。

自由と強制

生長の家では「父母に感謝せよ」と教えられるが、それを父母の側から強制して、子供に〝言うことを聞かせる〟場合、業の法則によって以下のようなことも起こり得る。『大聖師御講義「続々甘露の法雨」*』の二三九頁にこう書かれている。

『ある地方で大病院を経営し大いに繁昌している医学博士の方がありました。繁昌する大病院ですから、その病院の経営を、自分が死んでも他人には譲《ゆず》りたくない、自分の息子に譲りたい。ところが、その息子さんが未だ大学生で、若くて病院の跡継ぎをする様でないので、兎《と》も角、医者の跡継ぎになるその息子が大学を出て博士号でも貰ってその跡継ぎになれるまで、ある生長の家の誌友*である医師

に副院長として手伝いをして貰っていました。その副院長から聞いたのですけれども、その跡継ぎの息子が医者は嫌いだ、医者になりたくないというんです。本人が医者が嫌いなのに、親が「医者になれ」という。父が医学博士で……折角《せっかく》大病院を経営して繁昌しているのに、それに、跡継ぎがなくて病院を潰《つぶ》してしまうのは勿体《もったい》ないから、どうでも「お前、医者になれ」というので、息子は止むを得ず〝なろう〟と努力して、受験勉強も一所懸命やってみるが、医大へ這入《はい》るのを、潜在意識が医者を嫌うもんだから入学試験にスべる。たびたびスべったりしておったのですが、愈々《いよいよ》今度医大の入学試験にパスしたというんです。親は大変喜んでおったら、最近、その医大へ入学した息子が突如として、若いのに心臓麻痺で死んじゃったのです。

これは現象的には自殺じゃないんですけれども、その息子の霊魂にいわせると「もう医者みたいなことは私の使命じゃないから、もうこの家の跡つぎとして生きて居ったら使命じゃないことを一生涯しなければならんから、もう〝左様なら〟して、又異《ちが》う所へ生れ変って来よう」と思って霊魂が肉体から脱出したんじゃないかと私は思うんです』

父親は子供のためにこれが一番良い人生コースだと思って、強制するのかも知れないが、それが「強制」である時は、「善」とはなりにくいのである。またこの強制された状態を「親孝行」という訳《わけ》にも行かない。いくら形だけ「柔順《じゅうじゅん》」であっても、心が離反しているからだ。その息子の心の奥底は、父といえども中々分かりにくい。だから「これで万事順調」と思っていても、何時《いつ》しか「逆転不幸」ということになるのである。その反対に、人知れぬ善行は、何時しかひょっこり「善果」となって現れて来て、「万事順調」となる。というのは、「善」は「強制」からは生ずるものでないからである。

例《たと》えば機関車がレールの上を強制的に走らされていても、機関車が善をなしたとはいえないし、ＬＰレコードの上を針がうまく走って美しい音楽を奏《かな》でても、針はうれしくもなく、称賛されることもないようなものである。

不思善悪

ところが神は「真・善・美」であるから、そしてまた人間は神性《しんせい》・仏性《ぶっしょう》そのものであるから、人は誰でも真理を求め、善にあこがれ、美を表現したいのである。そのためには人々に「自由を与える」ことが大切であり、自由の基盤《きばん》においてのみ真・善・美が花開くのである。そこには外面的な制約や強制がない。だから、善悪もまたその形を越え、善も悪もそれ自体を超えるのである。つまり言い換えると「強制を超える」のであり、「不思善悪」「そのまま」「自然法爾《じねんほうに》」となるのである。

しかしその境地に到るには、数多くの行《ぎよう》が必要である。この行為の集積が「業」と言われるもので、ここにも善業の果が出てくるが、その善にも「そのままの心」で行う素直さが必要である。何か「成功」や「夢」を追い求めるだけでは、その行為の善が、私欲に汚《けが》れたり、利己的でありすぎたり、利害に囚《とら》われたりして、「不思善・不思悪」の境地から遥《はる》かに懸《か》け離れて行くからである。

平成六年の三月にもアメリカン・ドリームをもとめて渡米留学した二人の日本人学生が、拳銃《けんじゆう》で射殺され、新品の自動車を奪われた不幸な事件があったが、こんな事件でも「因果律」の原則から外《はず》れることは出来ないものである。仙台市太白区南大野田二五に住んでおられる船木悟さん（昭和三十八年一月生まれ）も、かつてアメリカン・ドリームを求めて渡米した青年の一人だった。五年半のアメリカ生活だったが、主として物質的成功を求めるに急だったという。彼にとっては、物質が全てだったし、その成功が彼の夢であった。言わば我利我利亡者《がりがりもうじや》だったとも言えるだろう。

そんな気持ちの生活をして、神仏のことなど彼の念頭になかったから、ふと気がついた時には、家庭生活が全く冷えきっていた。当時ロスアンゼルスに住んでいたが、奥さんは日本に帰ってしまい、別居生活を余儀《よぎ》なくされた。「まいったな」と思ったが、子供は四歳から五歳で、父親には全くなつかない。その上仕事がうまく行きそうになっても、すぐ駄目になるの繰り返しだった。これも又彼の「利己主義生活」の結果なのである。

こうして船木さんの追いかけた「成功の夢」は遠ざかる一方だった。一人で月を眺《なが》めると、これから先一体自分はどうなるのかという不安と寂寥《せきりよう》に打ちひしがれるのだ。そんなある日、不思議にもフト「お経を読みたいな」と思いついた。しかし何のお経も手元にはないし、仏教のことも皆目《かいもく》分からない。

そこで、「創価学会かな」と思い、創価学会の人から〝お経〟を借りて読もうとした。ところが漢字のお経で、その漢字がよく読めない。どうしよう？　と考えた。そして、「日本文のお経があったらいいな」と思ったのである。そのまま日がたっても、相変わらず仕事がうまく行かず、家族とも冷たいままだ。次第に焦《あせ》りが出てくるのである。そこで、

「座禅をしたい」

と、瞑想《めいそう》することを思いついた。そんな心が自然に湧《わ》いて来た。そこでこの気持ちを彼は佐藤さんという友人に漏《も》らした。すると佐藤さんが、

「日本語のお経？　こんなものがあるよ」

と言って、懐《ふところ》からお経を取り出した。それが生長の家のお経だったのである。こうして船木さんはごく自然に、誰に導かれたともなく生長の家に導かれて、佐藤さんの聖経を読み、強く感動したのであった。

神の愛を知る

さらにまた佐藤さんは、「神想観というのがあるよ」と教えてくれた。そこで船木さんは早速《さっそく》神想観という瞑想法をやり出し、聖経読誦《どくじゅ》も始めたのだった。こうして半年間、一日も休む事なく、彼は早朝神想観に参加した。その間、『生命の實相』*その他の聖典を読んだ。すると、今までの自分の考え方が全く間違いだったと気がついたのである。第一唯物論が間違いだったし、〝我利我利亡者〟では駄目《だめ》だと分かった。こんな自分勝手な考え方でいたから、家庭生活が崩壊《ほうかい》し、夫婦別居を強《し》いられ、仕事もうまく行かなかったのだと分った。不幸の原因に気がついたのである。

そこである日の神想観がおわったあと、日本に帰った奥さんに電話しようと思いついた。そう思ったとき、奥さんの方から電話がかかって来た。そこで彼は自分の気持ちを伝え、妻と和解した。さらにそれまでの船木さんは、両親とも全くの不和で、九年間も音信不通だった。だから早朝神想観の会で、『汝の父母に感謝せよ』と書いてある神示＊を読んでも、どうも心が引っ掛かる。そこで、

「次は両親との和解だ！」

と思い立ち、日本への帰国を決めたのだった。さてこうして帰国し、父母や妻と和解してからの船木さんの人生は、一変したのである。それは「物質第一主義」から「神が全《すべ》ての全て」と、彼の心が変わったからであるのは言うまでもない。さらに帰国しても、仕事はどうなるか、最初は全く見当がつかなかった。しかし真剣に神想観を行い、ふと目を開くと、そこに新聞があるので読むと、自分が勤めたいと思うような出版会社の求人広告が見つかった。そこで、

「ここに行きそうだな」

と思いながら、その会社に電話し、結局そこに勤めることが決まったのである。しかし最初は希望した編集の仕事ではなく、営業の仕事だった。かなり大きな会社で、誰でも最初は先《ま》ず営業からやるのだということだった。彼はそのとき、「どんな仕事でも、今与えられた仕事は自分に必要なレッスンである」という教えを思いだし、それを信じて力いっぱい営業の仕事をやった。すると全国に六百何人かいる社員の中で、〝新人賞〟を貰《もら》うことができるくらいの成果をあげた。

その後平成六年の三月仙台に転勤して、仙台支所の再建の仕事についたが、凡《あら》ゆるところで生長の家の真理を実行し、その場その場で力一杯の明るい人生を送っているという話であった。彼がアメリカから帰国するという時、半年間ともに神想観をやった人達が集まって祝福してくれた。それまで船木さんは「人間関係は利害のために結ばれる」と思っていた。妻も子供も利害関係があるから夫にくっついているとまで考えていた。ところが早朝神想観で知り合った人たちは、全く無条件に、何の利害関係もなく彼を祝福し、

「船木さん、すばらしいいね、日本に帰ってからも、しっかり頑張ってくださいね」

と励まし、讃嘆《さんたん》してくれた。そのとき、彼は「神の愛」を実感したのだ。利害を超越し、物質的な制約や条件を越えた「神の愛」が最もすばらしい実在であり、最高の歓喜《かんき》だということを会得《えとく》したのである。

＊『大聖師御講義「続々甘露の法雨」』＝聖経『続々甘露の法雨』の全章句を逐語的に詳解した講義録。難病から救われた実話も数多く収録されている。（谷口雅春著・谷口清超編纂。日本教文社刊）

＊誌友＝生長の家の普及誌を定期購読している人。

＊『生命の實相』＝生長の家の基本聖典。全四十巻。昭和七年発刊以来、累計一千九百万部を数え、無数の人々に生きる喜びと希望を与え続けている。生長の家の創始者・谷口雅春著。（日本教文社刊）

＊神示＝谷口雅春大聖師が霊感を得て書かれた言葉で、神示の全文は『新編聖光録』又は『御守護神示集』（日本教文社刊）に収録。

周囲は鏡である

けいこ

昔から女性は、男性よりも長寿を保つようになっているが、その奥には女性の持つ人生での役割に、「人を生み育てる」という重大な使命があることは言うまでもないであろう。これは単に男女同権とか、男女平等というだけでは説明がつかない事実である。ところで平成十年の二月五日に、日本舞踊の名手といわれた武原はんさんが、九十五歳の長寿で永眠された。

その武原はんさんの地唄舞について、七日付の『毎日新聞』の〝余録〟欄には、こんな記事がのせられていた。

『武原はんさんの「古稀《こき》の会」で観客にアンケートを求めたら、600通のうち520通が「雪」の上演を希望した。武原さん自身、地唄舞のなかでも特に「雪」

が好きだった▲「雪」は次第に年をとっていく女の寂しさ、悲しさをうたった地唄舞だ。武原さんの「雪」を見ているうちに、美しい雪の精が舞台で舞っているような気がした。しんしんと降り積もる雪そのまま、一瞬もとぎれることのない動き。まるで雪の精の息づかいのようだ▲武原さんが舞をはじめたのは12歳。29歳のとき、大阪から東京に出て「雪」を舞って評判になった。以来、何回舞ったか、武原さんにもわからない。その都度、「けいこして、けいこして、けいこして、これでもかというほどけいこしておかないと、安心して舞台に立てません」と武原さんが言っている▲自宅に大きな鏡を張りめぐらしたけいこ場があった。武原さんはその鏡を「大鏡神様」と呼び、鏡に向かってけいこした。「悪いとこ、みんなわかります。自分の目で自分の踊りを批判して変える。これではいかんと私に言い聞かせる」。1994年の最後の舞台まで武原さんはこんな作業を続けた▲演劇評論家・戸部銀作さんは書いている。「同一の曲を何回やっても、同じ舞を二度演じることはできない。少しの心の動揺が、舞台に影響してあらわれる。わずかな踏み出した足の狂いが、形に欠陥を及ぼさせる。ちょっとした間のはずれがバランスを崩させる。自分はうまいと思って観客に見せようとすれば、たちまち、いやらしいものと観客の目に映る」▲けいこのたびに、武原さんは鏡を見て、姿勢を直し、バランスをとったに違いない。武原さんが亡くなったのは5日。きょう、長野五輪がはじまる。武原さんの仕事も選手たちのそれも、よく似ている。どちらも厳しい。』

大鏡神様

どんな天才でも、何一つ稽古《けいこ》しないのでは、その力が現実界に現れて来ない。練習やけいこが無限に重なって、内在の力がほとばしり出るのだが、それでも自分で「うまい」と思って観客に見せつけようとすると「いやらしくなる」と言うのだ。そこで大きな鏡を張りめぐらして、その「大鏡神様」の中で稽古された。大鏡に映る姿を見て、反省し、教えられ、練習を繰り返す。この「大鏡神様」は、言いかえると「観世音菩薩様」であり、それは全ての人々の周囲に張りめぐらされている〝環境〟であり「家庭」であり父・母・夫や妻、そして又子供達である。そこに歪《ゆが》みや不快な姿が映るとすると、それは自分の心の影が映っているのだと、反省しなければならないのである。

　ことに母親にとって子供は、小さくても「大鏡」であるから、母の心は子供の病気や非行などにも現れる。それをできるだけ早期に発見して、武原はんさんのような謙虚な心で修正して行きたいものである。例えば平成十年二月十二日の『産経新聞』には、こんな投書がのっていた。

『　　　　　　　　　大橋克子　33（兵庫県姫路市）

長女の通う小学校では、毎週土、日曜日ごとにPTA役員が当番制で校区付近のスーパーやゲームセンターなどを補導の目的で巡回している。

先週、私にも、その番がまわってきた。朝からの雨のせいか、人出はまばらで、子供の姿もほとんど見かけることがなかった。それで、あるスーパーの店長さんに、何か問題になるようなことはありませんか、と尋ねてみることにした。

すると、「小学生については、今のところ、特に問題はない」と言っていただいた。それを聞き、ほっ、とした私に「でもねえ…」と、言いにくそうに話を続けられた。

聞けば、「親の買い物に付いてきた子供たちが店内で騒いだり、ふざけたりするのを、親たちが全く注意しようとしないのに困っている」という。「親が一緒だと、私たちも注意できません」と半ば、あきれている様子でした。

確かに、そういう親たちはいる。子供よりも親の方に注意したくなるときがある。一月十九日付本欄に「幼児期教育は親から正して」というご意見が出ていたが、「本当にその通りだ」とあらためて感じた。　（主婦）』

鏡ならどんな大きな鏡でも、その人の所有物と言えるが、子供は親の所有物ではないのである。だから他人が、他人に迷惑を与えるさわぐ子供を叱《しか》ってもよさそうなものだが、時には怒《おこ》る親もいる。昔は近所の人たちは皆共同して子供たちの乱暴や非行を注意し、時にはきびしく叱ることもあった。今でも欧米などではそういう〝社会教育〟が行われている。それは子供を一個の人格として認めようとしているからであり、他人の〝所有物〟とは異なるという観点に立つからだ。

ところがあまりにも〝少子化〟してくると、とかく親は子供を自分の所有物のように思い込み、世話をやきすぎたり、焼きすぎずに〝なま焼け〟にして放り出したりする。魚と子供とはちがうけれども、丁度《ちょうど》よい〝焼き方〟がとても大切で、そこに腕のみせ所があるというものだろう。

補足の原理

例えば大阪市鶴見区今津《いまず》南に住んでおられる真藤園子さん（昭和十六年十一月生まれ）という奥さんが、平成十年五月十七日に宇治別格本山での特別練成会で、こんな体験を話して下さった。彼女が生長の家のことを知ったのは、昭和五十七年。友人が真藤さん夫妻の不調和を心配して、ある地方講師の方の所へ連れて行ってくれたのがきっかけだった。するとその話がとても素直に心の中に入った。まるで水が砂のなかに滲《し》み込むような気がしたというから、園子さん自身とても素直な性格だったのであろう。

人はとかく色々の先入見を持っていて、その知識や偏見を通して見たり聞いたりしやすいものだ。するとその先入見が邪魔をして、白でも灰色に見えたり、落葉色に見えたりすることがある。といって、誰の言うことでもすぐ真《ま》に受けて、とんでもない迷信に陥《おちい》ったり、インチキ金儲《かねもう》けの話に耳を傾けたりすることもあるから、やはり生長の家を伝えて下さったこれらの方々の話の内容が的《まと》を射ていたのであろう。

その後園子さんは聖典と聖経のお守りを頂いたが、それ以上深くは進まず、まだ表面的な認識にとどまっていた。園子さんは昭和三十八年にご主人の忠雅《ただまさ》さんと見合い結婚をした。ご主人は「超真面目《まじめ》な人」で、几帳面でキレイ好きだ。けれども園子さんは大雑把《おおざつぱ》なたちで、まるで正反対だった。これは全ての夫婦が〝補足の原理〟で結び合うからである。夫婦は本来「一」なる魂の結合であるから、半身同士だともいうが、しかし全く同一であればこの世に男女一組がいる必要はないだろう。クローンでも女同士でもよく、男同士でもよさそうなものだが、男と女とが夫婦になるので、そこに陰と陽との〝補足関係〟が生じてくる。丁度一個の電池にもプラスの極とマイナスの極があるような〝違った所〟があり、それらが結び合って電流が流れ、光が点り、運動が生ずる。人間では子供が生まれ、仕事が進み、社会が活性化するのである。

けれども、あまりに夫婦の性格の違いを強調して、相手のプラス面をマイナス面としようとしたり、ひどく批判し合ったりしていると、家庭はうまく機能せず、夫婦の間に生まれた子供にも色々の〝不調和の影〟が現れてくる。しかもそれが「大鏡神様」として、夫婦に何か大切な真実を教え、「心の法則」やその一部である〝補足の原理〟を教えてくれるのである。

子供はどうなる

園子さんは結婚当初からあまり大雑把なので、夫の忠雅さんからは色々と文句を言われ、叱られていた。しかも夫は彼女の性格の欠陥を園子さんの親の責任のように言われる。たしかに子供の性格や習慣は、親の教育や訓練のあるなしでずいぶん変化する。だから親の責任の面もあるが、そう言われると園子さんは反発したくなるのだ。

彼女は三歳の時に父を亡くした。だから母一人で育てられたので、母には感謝していた。その母の責任のように言われるので、腹が立った。夫は冷たくて、思いやりがない人だ、と反抗した。そんな間柄の夫婦で、長男、長女、次男と、三人の子供に恵まれた。しかし夫婦の心の摩擦《まさつ》はずっと続いていた。園子さんは何度か子供を連れて家を出たり、死ぬことを考えたりした。そして遂《つい》にノイローゼ状態になったのである。

もともと園子さんは小さい時から健康で、病気などしたことがなかった。けれどもその頃はよく病院通いをした。さらに長男の雅史《まさし》さんは、生まれた時からアトピー性の体質で、よく高熱に悩まされた。自家中毒や肺炎、扁桃腺《へんとうせん》、中耳炎《ちゅうじえん》などにも冒され、医者とは縁が切れなかったのである。

そこで夫のように冷たい人には、絶対に子供の世話はさせたくないと思い、

「あんたらのお父さんはな……」

といって、夫へのグチを言い聞かせた。これが子供の教育にどんな悪影響を及ぼすか計り知れないくらいである。何しろ子供は母親と接触する機会が多く、母の言葉が子供の心に強く印象されるからだ。その母から、あなたのお父さんはこんなにひどい人だ、いやな人だ、分からず屋だと言い聞かされると、子供は一応母の味方となり、父を嫌い出し、父を母の敵、即《すなわ》ち自分たちの敵のような感じで排斥《はいせき》しようとする。コトバの力によって、母親が〝反父親〟の世界を作り出してしまうのである。

それに反して、父親が長期不在であっても、あなたの父親はこんなにやさしい、子

供思いの、すばらしいお父さんですよと、事毎《ことごと》に伝えている奥さんだと、子供の心にはすばらしい父親像が描かれ、父をしたい尊敬するようになる。

かつてご主人が暴力事件を起して刑務所入りをした恒子さんという夫人が、子供に対してそのように夫の善良さと深切さを伝えていたために、子供たちがとても優秀な生徒に育ち、幼稚園や学校の先生方から、その教育のヒケツを問われたという体験談を話して下さったことがあった。それくらい妻の夫に対する気持が子供に反映し、良くもするが悪くもするものである。

当り前の心

このような夫婦の間の不調和がしばらく続いた末、真藤さんの家庭では何が起ったか。二十六歳にもなった雅史さんのアトピー性皮膚炎が悪化して、仕事も出来なくなり、寝た切りの状態になった。ところが雅史さんの勤務先の人のすすめにより、生長の家の宇治別格本山での一般練成会を受けることになった。そのころ長男さんはアトピーのひどさで、死にたいと思うくらいに悩んでいた。アトピーとは〝不思議な〟という意味のギリシャ語から来ていて、アレルギーという言葉も〝異状な〟という同意語であり、異状なアレルギー反応の一種と見なされている。本来これらは免疫《めんえき》反応という肉体の防衛機能の一部だが、この防衛反応を促進する働き（プラス）と、抑制する働き（マイナス）の両者のバランスが崩《くず》れていることが肉体に現れている現象と言えるであろう。

そんなアトピーが治るのだったら、どこへでも行くというつもりで、雅史さんは宇治の練成道場へ出かけていった。平成五年の五月の練成会だった。十日間もの間、どうしているかと園子さんは心配だったが、長男さんが帰宅した時、ドアをあけるなり、

「お父さん、ありがとうございます。お母さん、ありがとうございます」

と、さわやかな笑顔で挨拶した。それを聞いて園子さん夫婦はびっくりした。しかもその時、彼のアトピー症状はほとんどなくなっていたのだ。そして雅史さんは早朝神想観、聖経読誦《どくじゅ》を真剣に行い、友達への伝道などもやり、毎日いきいきと暮らしたのである。

忠雅さんは、あんなに苦しんでいた長男がこんなに元気になったことをとても喜び、

「昔のことは皆水《みな》に流して、家族が仲よく暮らすことが一番だ」

とおっしゃった。けれども園子さんはまだ〝水に流すこと〟はできない気持だ。何故なら、どうも納得が行かないからだ。それは長男さんの病気は、彼個人のことと思い、夫婦の心の反映されたものだとは思えなかったからである。しかし現実は全てが心の

作る作品であり、その心の業《ごう》の似ている夫婦や親子には、それが出て来ることによって、「大鏡神様」らしさが現されるのである。

まだ納得の行かなかった園子さんには、その後次第にハッキリとした姿が見えてきた。三十年ぶりに会った友達が「生長の家で救われた話」をしてくれたり、近所の人がポストに普及誌を入れて下さったりした。さらに長男さんは宇治で知り合った人の誌友会に出席するようになったので、家の中のことも長男さんの病気のことも、園子さん自身の問題だったのだということが分かって来た。

そこで園子さんも聖経を読誦し、生長の家の本を読み、母親教室や誌友会などへも一所懸命で通っているうちに、頭では分かっていても心では中々感謝ができなかったご主人に対する思いが変わって来たのである。

忠雅さんは十歳の時に両親が別れて、その後は淋しい思いで成長した。そして園子さんと結婚する前年に忠雅さんは母を亡くした。その淋しく悲しかった過去の生活を思いやることもなく、園子さんはご主人の厳しさや細かさを審《さば》いたり反抗してばかりいたと反省した。そんな夫婦のチグハグな心、陰陽のバランスを失った心に、原因があったのだということが判ってきたのである。

するとそれからは、聖経を読誦しても、生長の家の聖典を読んでも、お話を聞いても、涙が流れて仕方がなかった。そこでさらに一人で短期練成を受け、その講話に感動し、全ての現象が自分に教えてくれていたのだということが分かり、今では霊界におられる父や母にもざんげし、感謝する心になられたのである。

しかも一番ざんげしたのは、ご主人に対してであった。忠雅さんは冷たい人でもなく、思いやりのない人でもなかった。そのように園子さんの思いが変わった時、忠雅さんはもう恐い顔をしたり、文句を言ったり、怒ったりすることもなくなり、やさしい、家族思いの姿を現して下さった。そしてある日、

「今度は二人で練成会を受けよう」

とおっしゃった。その練成会で忠雅さんは、昔父が家族を置いて家を出て行ったことを永く憎んでいたが、その父と和解し感謝することができた。さらに次男さんも練成会をうけて、アーティストとしての道を進んだ。岐阜に嫁いだ娘さんは、両親の仲よくなったことを大変喜んで、毎月の普及誌をよみ、母親教室にも行っておられるそうである。さらに園子さんの母、弟夫婦も信仰を持たれたということである。

こうしてアトピーが癒《いや》された雅史さんは、平成六年より宇治の練成道場に入り、現在は本部講師補として重要な職責を果すようになったのである。さらに彼は宝蔵神社*で結婚式を挙《あ》げ、平成十年八月には男のお子さんが生まれたという話だ。最後になっ

たが園子さんは今教区白鳩会*の綜連会長、支部長さんとして誌友会を開き、大活躍をされているのである。

*宝蔵神社＝生長の家宇治別格本山にある霊廟。
*白鳩会＝生長の家の女性のための組織。全国津々浦々で集会が持たれている。

二　因果を超えて

天使《てんのつかい》また説き給う——
罪は不完全なるが故に実在にあらず、
病は不完全なるが故に実在にあらず、
死は不完全なるが故に実在にあらず、
汝ら神の造り給わざるものを
　実在となすなかれ。
在らざるものを悪夢に描きて
　恐怖すること勿れ。
罪と病と死とは
神の所造に非ざるが故に
実在の仮面を被りたれども
非実在なり、虚妄なり。
我れは此の仮面を剥いで
罪と病と死との非実在を明かにせんが為に
　来れるなり。

—聖経『甘露の法雨』「罪」の項より—

明るく生きるために

暗くても明るい

人は男でも女でも、みな「明るい生活」を望んでいる。暗い話題が多い世の中でも、どこかに明るさが漂っている。それは人間が本来、みな明るく、たのしい「神の子」だからである。「神の子」とは「神様の御子《みこ》」という意味で、人の子は人間の子供だ。人の子はすべて人間であるように、神の子は皆神様なのである。

神様に暗い、憂鬱《ゆううつ》な神様、不幸や災難に打ち沈む神様なんてあるだろうか。仏様にしても同じである。仏像でも、苦虫をかみ殺したような、苦しそうな仏像はない。人間の本質は、どんな人にもある「明るさ」なのであって、それを人々は求めてやまないのである。

ところで平成十年十月一日の『読売新聞』の相談欄に、次のような記事がのっていた。

『14歳の中学二年生の女子です。私は声が低いことで悩んでいます。私の声は相手に聞こえにくいようで、しゃべるのがいやになります。あまりしゃべらないためか、クラスのみんなからは暗いと思われて嫌われています。そのせいで学校に行くのがいやになっていて、死にたいと思うことさえ時々あります。わざと声を高くして話してみても、相手にはよけい聞こえにくくなるみたいです。

声が低いことでとても困っています。声を高くすることはできないのでしょうか。よい方法があったら教えてください　　　　（愛知・K子）』

この女子中学生の質問は、声の音程が低いということで、小さな声という意味ではない。声が太い（低い）ということで悩んでいるのである。人は誰でも、何かしら肉体的にはどこかに不足を感じている。最近の女性の声は低音（音程が低い）に傾いて来たというが、そうかといって昔の人が特に高音であったという記録はない。それに反して日本男性の声は西欧人にくらべて少し高音であるというのは、体格のせいでもあろう。この質問に対する回答を、有名な数学者である藤原正彦氏は、こう言われている。

『声が低くてうらやましい。私は高くて困っています。アメリカの大学で教えていたところ、よく電話先の見知らぬ人から「イエス・マム（女性に対する相づち）」と言われ、がっくりきました。低く渋い声ならもっとモテるのに、と何度も思いました。

音声の専門家に聞くと、低い声の人の方が声帯が発達していて音域も広いといいます。ほとんどの歌手の地声が低いのもうなずけます。あなたは恵まれた人なのです。

暗いと思われているそうですが、私には最近の若者の明るさが到底理解できないのです。あなたのように暗くて落ち着きのある人がいるとはたのもしい。

明るくて協調性の高い子がよい子、などというのはつまらぬことです。文明、文化を作り上げてきた独創的人間の多くは、暗くて協調性のない人だったのです。

あなたは持ち前の低音の魅力を発揮して、堂々と生きていけばよいのです。』

藤原さんの電話の声は、高い調子だったので、奥さん（マダム）と間違えられたという。そして、声の低いK子さんをうらやましい恵まれた人だといわれる。しかも「暗い」という否定的な考えをさらに否定して、「落ち着きのある人」とほめているのである。

このような藤原さんの考え方こそ「明るい」のであって、キャーキャー騒ぎ回る女性達や、オッチョコチョイの男性の外面的な〝軽薄さ〟が、本当に明るいという訳ではない。従って自分で「暗い」と思っている人でも、堂々と生きられる。すると自然に「明るく、強く生きた」という結果になるのである。

さらに付け加えて言うならば、明るい心で生きて行く秘訣の一つに、「ウソを言わない」という掟《おきて》がある。言いかえると、正直であり、胡麻《ごま》かさないということだ。もしそれをやぶって、ウソばかりついていると、そのウソを隠そうとして、さらにウソをつく。するといくら表面的に明るくふるまっていても、自分の良心がきびしく自分を咎《とが》めるので、暗くなる外はない。その暗さをどこかに表現して、子供に当りちらしたり、妻や夫に対して攻撃的になったりする。そのウソがバレたりして、やがて悲劇に巻きこまれるのである。

この世の中には、「因果応報《いんがおうほう》」という大原則がある。それ故《ゆえ》ひとをだましていると、自分もまただまされて、ひどい目に合うという悲しい事件が起ってくる。これではとても「明るく生きる」ことなど出来るものではないだろう。例えば次のような実例(投書)が、やはり平成十年八月二十九日の『読売新聞』にのっていた。エジプト在住の岡本東洋男さんという人のものだが、

『エジプトの首都・カイロで日本食レストランを経営している。店に食事に来た日本人の若い旅行者から「旅行費用が足りない」と相談されることがしばしばあり、店の仕事の手伝いと引き換えに泊まる場所や食事を提供してきた。

彼らが見聞を広めるのを支援できればとの考えからだが、最近は、こうした私の好意が裏切られることが増えてきた。

日本人の若い女性が「アラビア語の勉強をするために来た」というので、自宅に泊めてあげたところ、ある日、ふいに家を出たまま、連絡が途絶えた。

私が心配していると、数日後、警察からその女性を保護しているという電話が入った。警察署で事情を聞くと、この女性がエジプトに来た本当の目的は、以前旅行に来た時に知り合い、恋愛関係となったエジプト人男性に会うためだったというのである。しかも、「金持ちの息子だ」という相手の男性の話がうそだと分かると、この男性を結婚詐欺《さぎ》で訴える騒ぎに発展しそうになったため、警察は、彼女の滞在先となっている私のところに連絡してきたというのだ。

同情する点はあるにしても、話を偽って、人の好意につけ入るような行動には首をかしげたくなった。それに、こうしたトラブルに何回も巻き込まれると、親切にしていいものか確信が持てなくなってくる。（後略）』

ウソやゴマカシをやめる

大抵のウソや胡麻かしは、その当座だけの一時逃れで、決して永続きはしない。しかもウソはつかなくてもすむものだし、人をだまさないことは、自分をごまかさないことだから、人間の本性である「神の子」の幸福につながるのである。ごく自然にそうなって行くから、一時の不便などは、すぐ跡形もなく消え去ってしまう。勿論《もちろん》不倫もなくなり、法律違反や裏切り行為も影をひそめ、親子夫婦はお互いに信用し合うようになるから、家庭円満にならざるを得ないのだ。

とくに近頃はつまらぬことが流行して、どこかで毒入りカレー事件が起ると、あちこちで毒入りの怪事件が発生する。しかしこれらの犯人はみなつかまる前はウソを言って胡麻かしている。こんな大ウソをつく前には、その練習のために、小さなウソを沢山《たくさん》積み重ねて暮らして来たに違いない。するとどうしても暗い日常生活を送ることになる。しかも人間には〝習慣性〟がつくから、丁度タバコやアルコールが習慣づけられると、次第にその量がふえてくる。こうして遂《つい》には身体や家庭を破壊する結果になるから、ことに若い女性などはタバコを吸うのをやめた方がよい。通勤途中で、役にも立たないタバコを指にはさんで歩くなどは、全くムダな努力であり、自他の健康にも、将来の子育てにも支障を来す。

人はコトバによって自分を支配し、さらに人々にもその力を及ぼして行く。コトバは口で言う言葉だけではなく、行動も、表情も、アクセサリーに使う小物も、タバコふかしも、コトバの一種である。そのコトバを「明るくする」ことが何よりも大切な幸福への近道であるから、思い切って、ゴマカシの人生とは絶縁してもらいたい。ことに女性は妊娠によって胎児の生活に大きな影響力を及ぼす。もしタバコを吸ったり、ウソをついて暗くなったりしていると、そのコトバや行為が、胎児の肉体や心にも影響して、代々伝わって行くから極めて要注意である。

宗教を求める

京都市右京区西院《さいいん》月双町《つきそうちょう》という所に住んでおられる佃《つくだ》美智子さんは三歳の時に林家に養女にもらわれた。生みの母は岡田寿子《としこ》さんといったが、林さんご夫婦には子供がなかったので、美智子さんをもらったのである。しかしその前に、別の家からもらった養女さんがいて、彼女はその妹分として養女に来たのであった。

最近は子供がないという夫婦が人工授精や体外受精などをして、何とか肉体的に自分とつながった子供を持ちたいという人もいるが、養子や養女は昔から自然に行われた風習で、これも立派な方法である。というのは、親子の関係は肉体のつながりが主体ではなく、魂（霊）のつながりで親子となるのであるから、正式の手続きでもらった子供と養父母とは、立派な親子だからである。

この魂の関係がハッキリ分かってくると、子供の生まれない障害で悩み苦しみ、暗い生活を送る人々は、きっと安心されるであろう。つまり肉体は人間の魂の使う〝道具〟のようなものであり、〝住宅〟のようなものだ。住宅ならば、それがどの建築会社で造られたものであろうと、中の住民（魂）が親子同士であれば、親子関係の親しさに差別が生ずるはずはないからである。

しかしこのような養父母が、自分が生みの父母だとイツワッテいる時には、そのウソがもとで様々なトラブルが起り、悲劇となったりすることは、これ又古今東西の歴史が証明する所である。とにかく、こうして美智子さんは林家の娘となったが、養父母さんと二人の娘の四人はお互いに血のつながりはないという間柄だ。養父さんは優しい人だったが、養母さんはものすごく厳しい人で、しばしば暴言と暴力をふるわれたという。そのため美智子さんは毎日不安と恐怖で悩み苦しんだのである。（勿論これは養女だからというのではなく、実母であってもありうることだ）

そんな生活の中で成長し結婚したが、ある日キリスト教関係の人が「あなた、真理の勉強しない？」といって、愛について語っている録音テープを貸して下さった。日ごろ宗教を求め続けた美智子さんはそのテープを聞いて、何か心に感ずることがあり、表情も少し明るくなった。ある日のことそのテープを聞いてから買物に行くと、

「あ、あなた、顔の感じが変わったわね。何かおうちに好い事があるの？」

と聞かれた。好い事って何かな……と考えたが、あのテープを聞いたぐらいだと思って、キリスト教のテープのことを話した。するとその友人が、美智子さんの家までついて来て、そのテープを聞き、

「あなた、こういうお話が好きやったら、生長の家って知ってる？」

ときくのだ。

「いいえ、全然知らないんです」

と答えると、彼女は生長の家を信仰している人を知っているから、その人に紹介してあげる——ということになった。するとその紹介して下さった講師さんが、『希望の泉』[*]というテープや『生命の實相』などの聖典を沢山貸して下さった。そこで美智子さんは初めて谷口雅春先生[*]のお名前を知り、生長の家の書物を読んだ。その時すでに彼女は五十歳になっていたのである。

胎児が聞いた

しかしそれまでの美智子さんは宗教を求める心がさかんで、先祖供養だけは欠かすことなく実行しておられた。するとその講師さんから初めて『希望の泉』というテープを聞かせてもらった時、パッとスイッチを入れると、谷口雅春先生のお声が聞えて来た。そのお声を聞いて、「どこかで聞いたことがあるお声だな、その声は誰かな……」と思って、毎日そのテープを聞き続け、『生命の實相』を繰り返し読んだのである。そしてこの教えこそ自分が待ち望んだ宗教だと直感し、「救われた！」と思ってとても喜んだ。

つまり彼女は雅春先生のコトバに惹《ひ》かれ、そのみ教えに深く心を打たれたのである。今までも色々な宗教の話を聞いたが、何か少しちがうという反発を感じた。それが全くなかった。しかもそのテープを聞いていると、「まるでタオルをこっちの耳からこっちの耳に入れてキュッとこすったら、かゆいのが取れる」ような、そんな感じがしたとおっしゃるのである。

なぜそんな感じがするのか、不思議でたまらない。中から燃え立つような思いがする。そんなことから、「神の国は汝らの内にあり」という教えが胸に入り、この命《いのち》が神なんだと気づき、心が豊かに、広く、明るく光り輝いて来た。これもコトバの力であり、ことに真実を伝えて下さるコトバの不思議な魅力である。

するとある日電話が掛かって来た。その人が、

「あなたの実のお母さんは、生きていらっしゃいますよ」

と言うのである。しかし美智子さんは三歳の時から林家にもらわれて来ている。そこからさらに佃《つくだ》家に嫁《とつ》いで来た。だからそれまで岡田という実父母の家のことは何も知らなかった。しかも実の姉もいるし妹もいるという電話だ。そのうち妹さんが訪ねて来てくれたので、すぐさま岡田寿子さん（実母さん）に電話連絡をした。そして実母さんとも面会することができたが、美智子さんは、

「私に似てすごく別嬪《べっぴん》さんだった」

とおっしゃっていた。そこで彼女は、

「お母さん、私をこの世に生んで頂いて、有難うございました。過去のことは、何も気にしておりません、ありがとうございました」

とお礼を言ったのである。すると寿子お母さんは、こう言われた。

「ああ、人間・神の子・実相完全円満、あんたも苦労したやろなぁ」

その言葉を聞いて、美智子さんは驚いた。今一所懸命勉強している生長の家のこと

を、五十年も会っていなかったお母さんが、どうして知っているのかと不思議に思ったからだ。するとお母さんが言われるには、

「私は二十三歳の時に生長の家に入信して、あなたを二十五の時に生んだのよ。そしてあなたを妊娠している時に、住吉の谷口先生のおうちのごく近くに住んでいて、谷口先生が自宅で誌友会をなさっていた時に、いつも直接谷口先生のお話を聞いていたのです」と。

つまり美智子さんは胎児の時、お母さんのおなかの中で、雅春先生のお話を直接聞いていたのである。そこで今テープで先生のお声を聞いた時、たしかに、どこかで聞いたお声だな、誰のお声かしらと思い、強く惹《ひ》きつけられ、早速入信したということを知ったのだ。以後美智子さんは熱心に生長の家を信仰し続け、養母さんも実母さんも、すべてが神の子であり、宇宙大生命に包まれ生かされている、義理の親とか実の親とか、そんな区別は何もない、「現象は本来無いのだ」ということを強く悟《さと》ることができたのであった。

その後美智子さんは実母さんが入院し昇天なさった時も、病院で心からおむつのお世話などをし、感謝の中でお送り申し上げたという話であった。

つまりこのように女性はお腹の中の赤ちゃんにも、すでにコトバの教育を行ってい

る期間があるということを知り、ウソ、イツワリを聞かせず、夫婦げんかをせず、明るい真理のコトバを雨ふらせる人生を送り続けて頂きたいものである。

＊希望の泉＝谷口雅春先生講話テープ全10巻。(世界聖典普及協会刊)
＊谷口雅春先生＝生長の家創始者。昭和六十年昇天。

完全な自由がある

現象の差別

人はこの世に生まれてくるとき、完全に白紙状態で生まれるのではない。もしそうなら、誰も彼もみな同じ条件で、同じ環境に生まれるはずだが、実は生まれる場所も、父母の生活も、そして持って生まれた肉体条件もみなばらばらである。違う肉体で生まれ、時には生まれながらにして病気であったり、父母のどちらかが欠けていたりすることがある。このように「差別がある」のは何故《なぜ》だろう。人間は「平等である」はずだと思うのに、そうでない現実があるのは、実は「白紙」でないということで、そこにはもうすでに「何か絵が描いてある」ということだ。

ではその絵は誰がかいたのか。別人が描いたのではなく、「自分で描いた」に違いない。そうでないと、人間は平等でないのが当り前になってしまう。自分で描いたのなら、生まれる前の人生があって、そこで描いた絵が今も少し遺《のこ》っていることになり、誰にも文句が言えないのだ。この前の人生を「前世」というが、さらにその前にも「前世」があるだろう。また同じようにして、この世が終わっても、次生《じしよう》があり、さらに後生《ごしよう》があるはずだ。これが現象世界の「輪廻転生《りんねてんしよう》」と呼ばれるもので、これらはすべて「仮相」即ち仮《かり》の作品であり、実在ではない。これらは「業《ごう》」という〝過去の成績表〟がその人の作品たる〝人生〟に現れたものである。そしてそれが一部肉体的には遺伝子としても現れてくる。しかしその解読はまだ充分ではない。

さらに「業」は大別して善業《ぜんごう》とか悪業《あくごう》といわれるが、これらは固定したものではないから、幾らでも改善される。例えばとても悪い条件で生まれた人でも、「人間・神の子」の真理を知って自覚を深め、どんどん善《よ》いことをすれば幸福になり、運命や体質を改善することが出来るのだ。生まれながらの肉体の病気でも、あるいは遺伝的な疾患《しつかん》でも、決して「実在ではない」から変化し、快癒《かいゆ》し、向上する。

例えば三重県名張市梅ヶ丘北五に住んでおられる湯浅典代《みちよ》さん（昭和三十七年十月生まれ）は、平成二年十一月に大阪から三重県に引っ越してマイホームを持った。翌年の五月次男の雄次君が生まれたが、生まれた時からこの赤ちゃんの心臓には穴が二つあいていた。勿論《もちろん》心臓の外ではなく、内部の隔壁《かくへき》にだろう。担当医からは心臓の入り口の血管も細いといわれた。

「早急《そうきゅう》に手術をしないと、一年の命《いのち》しかない」

という診断だった。それを聞くと典代さんは、目の前が真っ暗になる思いだった。フト里の両親がお不動さんを信じていたのを思い出して相談すると、

「お不動さんの先生が、手術をしないでも治るから、一度田舎《いなか》に帰ってこい」

ということだった。しかし医者からはすぐ手術をするようにと言われるし、どうしたら良いものかと思い悩んだ。

生長の家に触れる

そこでご主人に相談すると、ご両親がそう言っているのに、もし手術をして、赤ちゃんに万一のことがあると困るからという理由で、とにかく一旦《いったん》田舎に帰ってみようということになり、典代さんは赤ちゃんをつれて実家に帰り、毎日お不動さんに日参して祈ってもらった。一方ご主人も、何かいい本はないかと思って、仕事の帰りに度々《たびたび》書店に行ってみると、遂《つい》によい本をみつけた。彼は独身時代から、スエーデンボルグの本などを読んでいたが、その他各種類の本の中で「生長の家」のことを知り、そのうち谷口雅春先生の書かれた『美と健康の創造』という本を見つけて買いもとめ

たのである。

それを読むと、色々な病気の癒《いや》された体験があることを知り、さらにもっと詳しく生長の家のことを知りたいと思い、湯浅さんご夫婦は或る日名張市から近い奈良県の生長の家の教化部*をたずねた。三重県には移転して間もなくで、まだ慣《な》れていなかったからである。そして奈良の教化部で林利通講師から色々と相談にのってもらい、さらに神癒祈願をうけ、聖使命会員にもなった。さらに又地元の名張市の林教《おしえ》講師を紹介してもらい、さらに祖先供養の大切さを教えられたのであった。

典代さんは水子《みずこ》供養のことも気に掛《か》かったので、思い切って母に訊《たず》ねると、そんな子供さんがいたことを知り、さらに水子供養を行い、人間のいのちの貴さと、その永遠性を自覚し、和顔・愛語・讃嘆の生活をおくるようにした。すると典代さんは今までご飯よりお菓子が大好きで、夜も歯を磨いてお布団《ふとん》の中に入るまでは良いが、布団の中でもまだお菓子が食べたくて仕方がなかったのだ。しかしそんなオカシな習慣もすっかりなくなったのである。

更に色々な現象に引っかかるといけないと思い、毎月宇治の練成会に行くことにした。そして毎日の神想観の実行と、『甘露の法雨』の読誦《とくじゅ》も励行《れいこう》した。こうして度々宇治の練成会に行っているうちに、今まで父母に感謝していると思っていたが、必ずしもそうでなかったと気がついた。独身時代に色々心配をかけたことや、結婚してからも父母に寂しい思いをさせたことなどを思いだした。又夫のご両親にも感謝が足りなかったことなどを反省し、浄心行で何度も、

「お父さん、お母さん、ありがとうございます」

と唱《とな》え、心から懺悔《ざんげ》したのである。夫に対してもすまないことが多かったと、お詫びした。さらに伝道員となった彼女は、平成五年九月二十九日の講習会に六十六枚の受講券をお世話した。こうして生活が一新すると、雄次君も当時はもう二歳になっていたが、健康で普通の子供と少しも変わらない生活を送るようになったということで、今彼女は全てを神に全托《ぜんたく》し、ご主人と仲よく明るい毎日を送っておられるのである。

遺伝病の苦しみ

このように父母の生活が変化し、人間の実相の完全円満を信ずるようになると、子供がその本来の「すばらしさ」を現し出し、生まれながらの病気や欠陥《けっかん》でも、次第に補完《ほかん》して、健康体になることが出来るものである。心臓の中隔欠損症《ちゅうかくけっそんしょう》のような場合は、胎内での生育が遅れた状態でもあるから、その後の正常な発育で快復するのだ。勿論《もちろん》このような時は手術しても快復するだろう。しかし時には手術の不可能な病気や

習癖もある。

長崎県北松浦郡佐々町《さざちょう》市場免六《いちばめん》に住んでおられる寺﨑美知恵さん（昭和二十七年三月生まれ）は義朗君という子供を生んだとき、熊本市立市民病院で先天性表皮水疱《すいほう》症という〝特定疾患〟即ち難病であると診断された。これは皮膚にちょっとした衝撃《しょうげき》でも水疱が出来て皮がペラッと剥《む》け、甚《はなは》だ治療が困難な病気である。おむつなどで擦《す》れてもすぐ発症するから、義朗君はいつも裸で寝させられていたということだ。これは夫と妻との遺伝の関係で生まれ、四人に三人か、または四人に一人か、どちらかの確率で生まれる先天性の病気だと聞かされた。

さらにこの子が成人して生んだ子供には、すべてこの病気が遺伝されてくると言われ、寺﨑さん夫婦はとても暗い気持ちに閉ざされてしまった。しかし美知恵さんは二年ほど前から母親教室に誘われていたので、早速《さっそく》行って真剣に生長の家の話を聞くようになったのである。すると、

「人間・神の子・病無し・不幸なし」

と教えられるが、それは「神の国」という実在界（実相）のことで、現象界には幾らでも病気や困難が現れて見える。それを美知恵さんは現象の病気でも「ない」と思うとすぐ消えるかと思うから、中々納得《なっとく》できないのであった。彼女は道でお金を拾《ひろ》っ

たり、人から欲しいと思うプレゼントでも頂くと、

「ああ、やっぱり神様っておらっすっとねー」

と思う方だった。だからこんな遺伝病にかかるのは、何か〝よほど悪いこと〟をしたので罰が当たったのじゃないかと思い、一〇〇%暗く落ち込んでいたのである。

ところが平成五年の八月に西彼町《せいひちょう》の生長の家の総本山で母親練成会が行われた。それに参加すると、どんな時にも人は常に皆神様から最高の祝福を享《う》けているというお話があり、美知恵さんはとても感激した。生まれてからこんなに嬉しかったことはないくらいだった。「この病気のため、私も子供もみんな辛《つら》い毎日を送る」と思っていたが、その思いがクラッと変化した。そして、

「この子の病気故《ゆえ》に、神様の深い愛を知らせて頂きました。神様は絶対に罰なんか与えたまわないのだ」

と分かり、嬉しくてたまらなくなったのである。母親となると、子供が病気だから、もうこの子はいらないなどとは思わない。まして全智全能の神様が私たちの親様であるから、人間を病気にして放っておかれるはずがない。神様から見捨てられるはずがない、と強く実感できたのだ。さらにわが子は私をこのみ教えに導いてくれた観世音《かんぜおん》菩薩《ぼさつ》だったということにも目覚め、嬉しさがこみ上げてきた。その結果神想観をする

と、子供に後光《ごこう》が射しているように見え始めた。こうして寺﨑さん夫婦はどん底の暗い世界から、明るい光の世界に超出することが出来たのである。

すると美知恵さんは、このみ教えを出来るだけ多くの人に伝えたいとまで思うようになったが、こうなると肉体や環境にもその変化が現れてくる。当時義朗君は五歳になっていたが、いつしか発疹《はっしん》も消えてしまい、健康な日々を送るようになり、さらに義朗君の下に妹の千紗《ちさ》ちゃんが生まれて、その時はすでに二歳になっていたということであった。

離婚家族

さらに又こんな実例もある。この方は匿名《とくめい》を希望しておられるので、詳しい住所は差し控《ひか》えるが、昭和二十五年八月生まれの女性で、かりにK子さんとしよう。彼女が四歳の時、父母は離婚した。母が家をでた後、知らない女の人が、男の子を連れて後妻に来た。その男の子は、K子さんの実の弟だということを、中学生のとき知ったのだった。K子さんの実母（Aさん）は、小学校の三年生になるまで時々学校に会いに来ていたが、その後はもう来なくなった。再婚したからだ。そしてK子さんが高校一年の終わりに、継母（B）が弟をつれて家を出た。すると父も母（B）を追って家をでて行ってしまったのである。

するとー体どうなるのか。祖母と叔父《おじ》夫婦がいるから、K子さんはその家族に養われることになった。そんな或《あ》る日、学校にK子さん宛《あて》の手紙がきた。「会いたいから、学校に訪ねて行きます」という文面から、母(A)のものと分かった。その母の世話で、K子さんは就職した。そこで彼女はMさんと知り合い、結婚した。その時K子さんは二十歳でMさんは二十一歳だった。その後三人の男の子に恵まれたが、どうしても幸福にはなれなかったのである。その原因は、親が離婚したからだと、K子さんは思うのだった。

実は叔父さんも二度離婚している。祖父は七度も離婚しているような「離婚一家」だった。叔母《おば》も離婚した。従兄弟《いとこ》も離婚した。Mさんの母の親も離婚したという、まことに複雑な離婚家庭だった。これはどうしても業《ごう》というべき「過去の成績表」の流《る》転《てん》し、かつ又「類は類を呼ぶ」という親和律《しんわりつ》のもたらす結果と言えるだろう。

K子さんはこの離婚の繰り返しをどうしても断ち切りたいと思った。だから「自分は離婚したくない」と焦《あせ》る。子どもにもこの業を伝えたくないと心から願った。こうしてK子さんは宗教を求めて遍歴《へんれき》した。夫はそんな妻を嫌《きら》って、冷淡となり、妻はそんな無理解な夫を責めて、夫の顔を見ても、声を聞いてもイライラするばかり、不平不満がつのる毎日だったのである。

救いを求めて

その上母（A）はK子さんに会う度《たび》に、別れた父の悪口をいう。それを聞くのが嫌で、やがて母にも会いたくなくなり、さらに宗教を求め、神にすがりたい思いが募《つの》る一方である。するとフト継母（B）の顔が浮かんできた。二十年も経《た》っていたが、思い切って電話した。電話に出た継母に、K子さんは泣いて、

「お母さん、助けて」

といった。こうして次第にBさんと親しく交わるようになった。するとこんどはBさんがAさんをとても悪く言う。父はまたK子さんに、

「私はお前の籍を入れるとき、本当は弟の子ではないかと、思い悩んだのだ」

と告げるのだ。こんなにしてお互いに悪口の言い合いをしていて、幸福になるはずはない。ついにK子さんはこんな家に生まれた自分が恨《うら》めしく、消えてなくなりたいと思った。

あとは先祖供養しかないと気付き、夫を説得して、お墓を建て、仏壇を買った。それらをローンで賄《まかな》ったので、支払はK子さんが働いて返す約束だ。しかし支払が思う

ようにならず、ローンの督促状《とくそく》に苦しめられた。夫も共に悩み、仕方なく家を手放した。K子さんは困り果て、知り合いの刀禰《とね》恵美さんに相談したところ、彼女が生長の家を知っていて、極立《きわだて》美代子さんという白鳩会の地区連合会長さんを紹介してくれた。さらに刀禰さんは平成四年の十月、K子さんを宇治の練成会に連れて行ってくれたのである。

こうしてやっと生長の家にたどり着いた彼女は、浄心行のとき、昔自分を押入《おしいれ》に閉じ込めたり、庭の柿の木にくくりつけたり、ぶったり叩《たた》いたり、投げ飛ばしたりして、恨めしいと思っていた父が、ニコニコとして現れたように感じた。その父が、五歳ぐらいの自分をおんぶしていてくれた姿を思いだした。さらに又別の練成会に行ったときには、母が自分を産んでくれる光景が見える気がした。

この父とこの母とのお蔭《かげ》で、今私はこの世に生きている。そう気がついたとき、流れ出る涙とともに、長年の間心の底に蟠《わだかま》っていた父母への恨み心が溶け去ったのであった。こうしてK子さんは聖使命会に入会し、普及誌の活動者になり、神想観を実行し、聖経読誦に精進《しょうじん》している内に、自分がこの親を選んで産まれてきているのであって、全ての責任は自分にあるのであり、この人生が自分の創作であり、真実の自分は「神の愛《めぐ》し子・完全円満な者」だということを知ったのである。

そうなってからのK子さんはどの親とも完全に和解し、親しく交わり、夫にも素直に感謝することができる明るい主婦となることが出来た。すると今までどの宗教にも反対し続けていたご主人が、K子さんと共に生長の家の練成会に参加されるようになり、持ち家も売れて、より広い土地により広い家が建ち、現在は男の子三人にも恵まれて、楽しく明るい希望に充ちた生活を送っておられるのである。

＊教化部＝生長の家の地方に於ける布教、伝道の拠点。
＊総本山＝長崎県西彼杵郡西彼町喰場郷一五六七にある生長の家の総本山。生長の家の各種の練成会や宗教行事が行われている。

母と息子の訓練

息子の入院

女性が結婚して子供が生まれると、その子が可愛いのが当り前で、可愛くないというのは例外である。かつてどこかの県の教会の近くに生まれたての赤ちゃんが、まだ臍《へそ》の緒《お》のついたまま捨てられていたが、近所の人に見つけられて、警察に届けられたというニュースがあった。ひどい母親だと思う人もいるだろうが、生む前に人工流産をして殺してしまう女性にくらべると、まだ赤ちゃんに「生きている権利」を残してくれただけでも、この赤ちゃんの方が幸せだったとも言える。生みの母が、母性愛を取りもどして、引きとりに来る可能性もあるし、誰かが養母となって育ててくれる可能性もあるからだ。

人間は人を殺す権利を持たないが、生きて行く権利は持っていることを知らなければならない。権利とか義務とかと、堅苦《かたくる》しいことは言わないでも、男性でもそうだが、女性は子供を生み育てることに悦びと満足感を持つものである。従って子供が病気になったり怪我《けが》をすると、何とかして早く治したいと思い、それが難しい時には、大変思い悩むのである。

滋賀県大津市黒津《くろづ》という所に住んでおられる森井清子さん（昭和十八年三月生まれ）の次男の隆俊《たかとし》さんは大阪で働いていた。自動車整備の仕事をしていたが、平成七年六月十三日の朝、軽トラックを運転中に、街路樹《がいろじゅ》に激突して重態となった。すぐ大阪市立大学附属病院に入院し、連絡を受けた清子さんは病院に急行した。医師の診断では、肋骨《ろっこつ》十二本中九本が折れ、それが右肺を押しつぶしている。レントゲン写真にもハッキリ写らないような大変危険な状態だという。その外右鎖骨《ほかみぎさこつ》と右肩甲骨《みぎけんこうこつ》の複雑骨折、肝挫傷《かんざしょう》、左膝《ひだりひざ》の骨の複雑骨折、頭部強打で、広範囲の外傷があった。人工呼吸器をつなぎ、強い薬を使って三週間を目処《めど》に全身麻酔で眠らすという。肩と膝の骨は肺の回復を待ってから手術するという説明であった。一緒に行ったご主人は何枚もの手術承諾書《しょうだくしょ》を書いた。当時隆俊さんは二十六歳だった。

一方清子さんは昭和三十八年ごろ生長の家に入信していたので、早速総本山と宇治別格本山とに神癒祈願を申し込み、教化部では講師や誌友の方々が真剣に神想観をして、息子さんの完全円満を祈って下さったのである。さらに清子さんは婦長さんに、「息子の傍《かたわら》で祈らせて下さい」と真剣にお願いした。全身管《くだ》だらけで眠り続ける隆俊君の側で神想観を行い、聖経を誦《あ》げ、頭のてっぺんから爪先《つまさき》までに「ありがとうございます」と唱《とな》えて、夢中で看護した。そして時間のゆるすかぎり『生命の實相』と聖経とを読んだのである。

心が拡がる

朝には自宅で写経をした。会社員の夫と娘さんとを送り出してから、産土《うぶすな》神社にお参りし、谷口雅春大聖師の『神癒のための集中講義』の録音テープを聞きながら、息子さんの寝巻と丁字帯《ていじたい》にアイロンをかけ、きれいにたたんで毎日大阪天王寺の病院まで通った。夜になると先祖供養をし、『奇蹟の手帳』に今日一日の神様のお守りを感謝して書きしるした。

ところが一週間たっても十日たっても、危篤《きとく》状態は変化せず、むしろ高熱が続きだして、医師からは「合併《がっぺい》症《しょう》の心配がある」と警告された。そこで清子さんは教化部長さんに電話で相談した。すると教化部長さんはやさしく容態をきいてから、「左肺はどうかね」と尋ねられた。

「ハイ、左肺は大丈夫です」

と答えると共に、清子さんはハッと気が付いたのである。今まで押しつぶされた右肺のことで頭が一杯だったが、「左肺は完全だ」と思ったからだ。人はとかく怪我《けが》や失敗があると、その悪い点ばかりに気持を集中させて悲観的になるが、良い所や健康な部分はいくらでもある。そのような良い所に感謝することを忘れてはいけないのである。教化部長の一言で、やっとそのことに気がついた。すると、教化部長さんは、

「大丈夫、片肺で生きている人は、いくらでもいますよ。それからね、住吉大神さまは、全てを浄《きよ》め給《たま》う宇宙浄化のお働きだから、これから助けて下さいとお願いするのではなく、ただ感謝するのですよ。全てを浄め給う大神様に感謝するのです。すると息子さんの潜在意識も浄められて、業《ごう》も消えたのです。これからは良くなる外《ほか》はないのです。ただ有難うございますと、感謝することです。大丈夫ですよ」

と教えて下さった。すると清子さんの心の中に、明るい光がパーッと射し込んでくるのが分かった。こうして清子さんの心が明るい希望と神に全托し感謝する心に変わると、その日からの病院での神想観が変わってきた。今まで息子の健康ばかりを祈っていたのが、それからは病院中の皆さんの幸福と感謝とを心に描き祈るという広々とした心になることができた。医者や看護婦さんや、ベッドや器具や薬に対しても、神

のお力の現れであるという思いで感謝することができるようになった。さらに最新の医療を受けることのできる息子の幸運にも感謝した。自動車事故のことでも、大地にしっかりと根を張った街路樹さんが、しっかりと息子を抱き止めて下さった――と気付いて、事故現場の街路樹にも感謝することができたのである。

こうして丁度《ちょうど》三週間たった時、最初の予定通り、肩と膝との骨折の手術ができ、人工呼吸器を外《はず》すことができたのである。麻酔がさめると共に意識もしっかりもどった。それは丁度総本山へ出した神癒祈願の終了する時期とも一致した。一ヵ月たつと車椅子に乗せられ、ＩＣＵの部屋から始めて外に出ることができた。呼吸もでき瞬《まばた》きができ、声も出た。そんな〝当り前〟が清子さんにはとても「有難い」と実感することができたのである。

信仰が深まる

多くの人はこのように、沢山《たくさん》の「当り前」の有難さに取りまかれて暮らしているが、平生はこの「当り前」に感謝しないで、イザという時に「奇蹟」を追い求める。宗教にそれを求めたり、医療が宗教と対立すると思って、天地一切の人と物と事に感謝することを忘れ、「但《ただ》し医者は除く」と思いこんでいたりする。その狭い心を一段と拡大し、深化することによって、「当り前」が本当に有難いと分かるのである。すると「当り前」の姿が呼びもどされてくるのである。

森井隆俊さんは、事故から一ヵ月後の七月十七日に、大津市の実家近くの病院に転院することになり、彼はその日のうちに自力でベッドから車椅子に移動した。その時担当医は、

「生きているのが不思議なくらいの怪我《けが》だったのに、君はしかし元気だね」

と驚いておられた。その後も「必ず良くなる、きっと良くなる、どんどん良くなる」を合言葉にしてリハビリにはげみ、十月十五日には無事退院することが出来た。さらに十二月一日から、以前の通り大阪の会社の仕事にもどることができ、現在も元気で活躍しておられるという話であった。その少し前の十月に市立大学附属病院に全快のお礼に行くと、担当した先生方が万歳をして喜んで迎えて下さり、婦長さんは、

「誰が何と言っても、私は神様のご加護を信じますよ」

と言って喜ばれたということを、清子さんは平成八年七月十五日の団体参拝練成会*で発表された。

このように人は折角信仰して、「我が家は天国」と思いこんでいても、その信仰がさらに深化するチャンスが訪れてくるものだ。そのチャンスは一見家族に起った不幸

な出来事のように思われる場合もあるが、本当は全てが進歩向上のチャンスなのである。夫の遠方への転勤とか、子供の入学試験の失敗とかという出来事もあるだろう。それらは決して「不幸」ではなく、よりよい方向への信仰生活向上のチャンスなのに、それを自覚することができないで心配したり悩んだりする人々がとても多い。しかし人生は決してそのように狭いものではない。もっと広々として、自由豁達《かったつ》なのである。

例えば神奈川県大和《やまと》市福田《ふくた》に住んでおられる野口邦子さん（昭和二十一年八月生まれ）は、昭和五十一年に生長の家に入信された。そのきっかけは長男の大輔《だいすけ》君が自閉的傾向と知的発達の遅れと診断されたからであった。生まれた時から二歳ぐらいまでは、何の異状もなく良く眠り、大人しくて手のかからない子供だった。ところが二歳すぎて三歳になっても、言葉が出ず、おもちゃにも食物にも興味を示そうとしないのだ。名前を呼んでも、話しかけても、ふり向きもしない。心配した邦子さんは近所の保健所や相談所にも行ってみたが、

「大丈夫ですよ。そのうちにしゃべるようになりますよ」

というくらいで、彼女は安心するどころか、ノイローゼのような状態で悩み苦しんだ。しかし彼女は独身のころから「生長の家」を知っていたので、まるで藁《わら》にもすがる思いで生長の家の教化部（多分）に行ってみた。そこで地許の誌友会を紹介され、

聖使命会員となったのである。

いじめもあった

さらに講師の先生からも、「息子さんは大丈夫ですよ。神の子ですよ、感謝するのですよ」と教えられたが、しゃべらない子供にどうして感謝ができるのだろうと思った。「神の子」なのに、どうしてしゃべらないのか、とそんなことを思って悩み苦しんだ。このように「欠点」にだけ心が引っかかると、他にある目や耳の健康なこと、身体が大きく育ってきたこと、その他色々の「当り前」には心がふり向かなくなり、あせり悩み苦しむのである。しかし講師の方々から、

「判らなくてもよいから、神想観をしなさい。先祖供養をやりなさい」

と教えられ、邦子さんはこれらの実修を熱心にやり始めた。これは東京から大阪へ行く時でも、「とにかくこの列車に乗りなさい」と教えられ、その列車に乗っていると、不安であって疑っていても、次第に大阪の方に近づいて行くのに似ているのだが、万一間違って青森行きの列車を教えられ「これが大阪行きです」と言われると、大変な回り道をすることになる。だから「どんな教えを選ぶか」ということは大変な分れ道なのである。

しかし野口さんは「生長の家」に入ったから、教えられたように日々神想観を行い、自分も家族も皆神の子で、完全であるとその実相を心に描き、ご祖先の霊前で聖経を読誦《どくじゅ》しているうちに、少しずつ不安がなくなった。こうして大輔君が小学校の三年生になって、妹の由香里ちゃんが小学校に入学した時のことだ。学校から帰って来た由香里ちゃんが、悲しそうな顔をして言った。

「お母さん、お兄ちゃんのことを、皆でバカにするのよ」

それを聞いて邦子さんは戸惑った。だがこう言ったのである。

「お兄ちゃんはね、お父さんとお母さんの子供のようだけどね、神様が誰の家に生まれたら一番幸せになるかな、誰と兄妹にしたらやさしくしてくれるかな、と思って、世界中の人の中からお父さんとお母さんと由香里ちゃんを選んで下さったのよ」

と話してあげた。それっきり由香里ちゃんは兄のことを言わなくなったが、それで大輔君の問題が解決した訳《わけ》ではない。だから邦子さんはさらに心を広げて、多くの人々に生長の家の教えを知ってもらおうと思い、自宅で勉強会を開いた。そして二年たった時、当時私が毎週ラジオ放送で何人かの方々と対談していたので、その対談の相手として参加し、息子さんのことを相談された。するとその時私は、

「そうですか。大丈夫ですよ。息子さんは神の子さんですからね」

と、今までの方々と同じような返答をした。それだけなら邦子さんもガッカリしたかも知れないが、その後でこう言った。

「そういうお子さんはね、体操の選手と同じですよ。訓練すればいいんです」

そう言って訓練と練習の大切さを話したのであった。これは単なる「神の子の信仰」というだけではつかみ所もない精神論のようだが、体操や野球の選手と同じように〝訓練〟が必要だということなら、色々と具体的な方法があり、〝練習〟が出来ると気がついたのである。これは誰にでも言えることであって、どんな天才児でも訓練をしないとその才能は絶対に伸びて行かない。人間・不死・不滅の無限力でも、それは実在界（神の国）のことだから、この世という現象界では、自分で認めかつ練習し訓練しただけの力が出る。つまり凡《あら》ゆる人々には「訓練が必要だ」ということなのである。

訓練する

そこで邦子さんは、その日の帰る道すがら、

「大輔は、訓練すれば大丈夫！」

という希望と悦びに満たされていた。家に戻るとすぐ、夫に私から指導をされたことを話した所、

「僕もその通りだと思うよ。一緒に頑張ろう」

と言ってくれた。こうして夫婦が心を合わせ、凡《あら》ゆる機会を捉えては毎日繰返し言葉の訓練をした。まだ小学校の運動会のころ、大輔君は何一つプレーに参加出来なくて、邦子さんの背中に負んぶされ泣いているだけだった。邦子さんは彼をなぐさめながら、一体この子の将来は、親が死んだらどうなるのだろうと暗い気持につつまれていた。

けれども邦子さんはその夜、〝讃嘆日記〟にこう書いた。

「大輔は、必ず運動会に参加できるようになる。大輔は、言葉をしゃべるようになる。神様、ありがとうございます」

その後も家族中で繰返し根気よく言葉の練習を続けた。やがて中学を卒業して、大輔君は定時制高校に入学した。そして高校二年生の時には、国立競技場で行われた定時制通信制の全国陸上競技大会に、神奈川県代表で千六百メートルリレーで力走したのである。コーナーを廻《まわ》ってきた時、邦子さんは幼稚園時代のことを思い出していた。本当にコーナーが曲れるのか……一直線に走って行くのではないか、と不安だったが、しっかりとコーナーを廻り、力強くゴールに入った大輔君を見ると、涙が出て止まらなかった。

さらに又つらい事も何度かあったが、「大丈夫、練習しなさい」という言葉を思いだして、乗り越えてきた。そして平成八年、大輔君は二十三歳に成長し、トッパン・カートン株式会社に勤務し、言葉も普通人と全く変わらぬ会話が出来るような「当り前の青年」になったのである。この体験も邦子さんが平成八年六月十七日の総本山の団参で発表されたのだが、あとで大輔君の言葉の練習はどうやってしたのかと聞いた所、おもちゃの電話機を買ってきて彼と母とが電話を掛け合うような遊びをして練習した。その他色々と発音するチャンスを与え、彼の力を引き出した。すると最初は一言ぐらいのおうむ返しの返事だったが、次第に自由な会話が出来るようになっていったということである。

＊団体参拝練成会＝各教区毎にまとまって団体で、総本山に参拝する練成会。

生活学校で学ぶ

学習の違い

人がこの世の中に生まれる時は、誰でも同じ条件で生まれるのではない。ある人は幸せで調和した家庭に生まれるし、ある人は貧しい家に生まれたり、不調和な家庭に生まれて苦しんだりする。時には肉体的条件が悪かったり、社会的差別のある国に生まれて来る人もある。しかしこれらは人間本来のいのちの不平等によるのではなく、人生という「生活学校」の成績如何《いかん》によって現れてくる学習程度の違いによるものである。この点について『真理の吟唱』*の中の「〝今〟を完全に生きぬく祈り」(二六六頁)の章には、次のように記されている。

『神は無限の智慧《ちえ》であり給う。神は天地の一切のものと人とを造り給い、それを無限の智慧によって、たがいに調和ある適当のところに配置し給うたのである。

それゆえにすべての生きとし生けるものは、もし自分自身が、迷いによって逸脱《いつだつ》しなかったならば、そのもの、その人にとって最も適切な〝場〟に置かれているのである。それ故《ゆえ》私は今与えられた位置と生活の〝場〟とを、決して不足に思わないのであり、この時、この〝場〟において、感謝しつつ自分の仕事にいそしむのである。

人間が地上に生を享《う》けてきたのは、この地上でなければ自分の魂を磨《みが》くことのできない特殊の条件が地球世界には整っているからである。地上は人間の魂を磨くための生活学校であるのである。この学校を卒業すれば私は次のもっと高級な天体の世界に生れ変って行くのである。（後略）』

即《すなわ》ち、人間の生活はこの現在の人生（現世《げんせ》）だけで終るのではなく、「生まれ変わり」があることを知らなければならない。そうでなければ、人はまことにも「不平等」の極《きわ》みを強いられると言うことが出来るし、如何《いか》に自由と平等を追求しても、決してその目的を〝完全には〟達成できない現実に直面するのである。しかしこれは単なる現象の「生活学校」の出来事であり、その中での〝グレードの差異〟によるのであって、人生学校でしっかり勉強し、まじめに問題解決にはげみ、実力を上げて行けば、次第によりよくより高度のグレードに進歩向上して行くものだ。

そこで、人生には色々なことを教え導いてくれる〝先生方〟がいるが、それは先輩であったり、父母であったりするし、又時には同僚であり、又兄弟姉妹であり、子供であり、時には物言わぬ動物や、大自然であったりもするのである。

劇場の教室

例《たと》えば平成五年十一月一日のNHKのラジオ第一放送〝人生読本〟の中で、松竹株式会社会長の永山武臣《たけおみ》さんが、次のように話されたことがあった。永山さんは京都大学を卒業後、昭和二十三年に松竹に入社した。以来歌舞伎《かぶきざ》座を舞台にして、色々の人生勉強をして来られたが、最初は昭和二十二年に東京劇場でアルバイトをして働いた。終戦後の東京に出てみると、焼け残りの劇場は帝国劇場と東京劇場としかなく、歌舞伎座も焼けていた。そこで東京劇場の〝夜警〟となったということである。

するとこの〝夜警教室〟はとても恐ろしいのだ。四人くらいの学生が夜警をしたが、その半年間が「劇場」という場所の基礎を学ぶ期間だったのである。華《はな》やかな舞台が終った後で、暗黒裏《あんこくり》の世界を見て廻る。すると奈落《ならく》の中には道具の馬や牛や生首《なまくび》がおいてある。先《ま》ずこうして〝陰〟の部分を見せられた。それから昭和二十三年大学を卒業して、正式に東京劇場につとめ、今度は劇場の客席の後部の監事室から、客席やら舞台の全《すべ》てを見る仕事についた。そこで大谷竹次郎さんという松竹の創始者から直接色んなことを教えられ、充分に鍛《きた》えられたということだ。

その中の一つとして、ある日大谷氏に呼ばれたのでついて行くと、永山さんに対して、

「あなたは、特別の人のような気がする」

と言われるのだ。さらに「頼みがある」と言う。何事だろうと思っていると、大谷さんは、

「芝居者《しばいもの》にならないでくれ」

といわれる。〝芝居者〟とは一体何だろうと思って訊《き》くと、

「先ず、自分に嘘《うそ》をつかないでくれ。それから俳優さんを含めて、オベンチャラを言わないでくれ。それから早合点《はやがてん》をしないでくれ。この三つを守ってほしいのだ。芝居に入ると、どうしてもそういう人間が多くなりやすい。今私が言ったことを、忘れないで実行してほしい」

と教えられたのであった。とかく人は嘘をつきやすい。俳優さんが「今日の舞台はどうだった」ときくと、「いや、結構でございます」なんて、オベンチャラか嘘をつきやすい。「とってもよかったです」などと胡麻《ごま》をすったりする。しかし永山さんは、

以来大谷さんの教えを守った。例えば三島由紀夫さんが作った芝居を歌右衛門さんが演じた時、初日に歌右衛門さんから、

「どうだった」

ときかれたとき、正直に、

「面白《おもしろ》くありませんね」

と答えたということだ。すると歌右衛門さんはクルッと鏡台《きょうだい》の方を見て、一言もものを言わなかったが、それでもあとでご本人が「面白くなかった」ことを認めておられたので、三島さんの書いた本にもその事が載《の》っているというような話をしておられたのである。

人生の体験教師

このように立派な先輩に恵まれる人は、この人生がすこぶるスムーズに魂の進歩向上につながるが、そうでない場合は、とかく廻り道を歩み、散々《さんざん》苦労を重ねてやっと「嘘つきの間違い」に気づいたりする。時には事業を失敗するというような体験を通して、今までの甘い考え方を反省したり、正しい生き方や、人生観・世界観、そして真実の信仰の悦《よろこ》びにまで導かれるというようなことになるものである。

奈良市西木辻町《にしきつじ》一五九に住んでおられる堀山明夫さん（昭和二十三年十月生まれ）は、父親から生長の家の信仰を譲《ゆず》りうけて、この人生を明るくたのしく開始した恵まれたボンボンだった。五人兄弟の末っ子で、とても大事に育てられたので、何の苦労もなく、自分の思い通りになる世界だという気持ちで過ごしてきた。けれども彼自身が生長の家の話を聞いたり本を読み出したのは、二十歳を過ぎてからだった。すると、「人生は心の描く通りになる」という心の法則を知り、以来トントン拍子に、当時目標として描いていた洋菓子店を持つことが出来たのであった。

以来堀山さんは一所懸命やったつもりだったが、どうしたことか次第に売上げの不振から経営が思わしく行かなくなり、遂《つい》に平成五年の二月には折角《せっかく》の洋菓子店をつぶしてしまった。この時の借金は二千万円近くに達していた。さらに住宅として手に入れていたマンションも手放し、全くのスカンピンになったのである。

堀山さんは当時四十三歳か四歳だったから、人生はこれからという時に、妻や子をどうやって養おうかと考えると、矢《や》も楯《たて》もたまらなかった。だが幸いにして生長の家の信仰を持ち続けていて、信仰の友達も沢山《たくさん》あったので、一心にはげましてくれ、神想観をやり、聖経の読誦《とくじゅ》を怠《おこた》らずやることができたのである。そして自分のどこに欠けた所があったたか、何を学ぶべきであるかを反省した。

これはすこぶる大切なことで、たとえ家や仕事や金銭を失っても、また復活することもできるだろう。しかし信仰を失い、おかげを第一と考えて、

「生長の家も利《き》き目がないぞ」

などと考え、神を疑ったりするようになると、さらに一層の廻《まわ》り道を辿《たど》ることになる。けれども堀山さんは、正道《せいどう》を歩むという方向を見失わなかった。するとある日、フトひらめいたことがあった。

「現象ナシ」

ということだ。これは二十年前から本で読んだり、話で聞いていて分かったと思っていたのだが、しかし本当は頭の中での理解にすぎなかったのである。だが真剣に「神想観」を行じていると、その「現象ナシ」の意味がストンと胸の中に入ってきた。

するると店をなくしたことや住宅をなくした事が、少しも怖《おそ》ろしくなくなった。即ちこれは今までの自分の思いが間違っていた――その心の影にすぎないのであって、本当は現象ナシだということが分かったのだ。これを一つの体験とし、それを教訓として、これを跳躍《ちょうやく》の踏み台として、さらに人生を歩んでゆけばよいのだと分かったのである。

現象ナシ

すると菓子店を処理するにしても、家を手放して別の家を借りるにしても、少しも困ることも悩むこともなく、本当にびっくりするくらいスムーズに事が運び、子供の学校の校区内の目と鼻の先くらいに貸家がみつかった。職場の方も一週間くらいで、やはり洋菓子店の職場がみつかり、その店員となることができたのであった。奥さんの京子さんはもとから看護婦さんだったから、経済的には何一つ困ることもなく、喜び一杯の感謝の生活に入ることができた。しかもこの体験を通して、彼は二つの教訓を得たということだ。

その一つは、菓子店経営を失敗した原因の一つに、堀山さんが昔聞いた話の、こんな記憶が残っていた。それは彼が二十歳ごろのこと、大阪の教化部に行って生長の家の話を聞いた時、ある講師さんが、こんなことを話された。

「生長の家の先生方は、皆死にぞこないや」

その意味を堀山さんは多少誤解して受けとったようである。

それは講師は夫々《それぞれ》自分の死に直面したような体験をもっていて、それによって神を見出し、生死を超えた世界を自覚し、み教えを伝える道に進んだということであろうが、生長の家の第二世である彼には、そんなきびしい体験は何もなかった。そこでこの話を聞いて、

「自分も死にぞこないの体験を持たなければだめだ」

と、何か奇蹟《きせき》を求め、そこから立ち上がることの必要性を強く感じたようであった。それが自分の運命を、知らず知らずのうちに失敗に導き、店も家も全てを失ってスッカラカンになり、借金だけが残るという道を歩ませたのだろうと気がついたのであった。

これは親ゆずりの信仰を持つ人々のとかく陥《おちい》り勝ちな考え方であるが、そんな「死にぞこないの体験」の必要性は何もないのである。だからこそ「実相直視《じきし》」の生活こそが「生長の家」の真の生き方であって、決して体験と称する物語りの〝多種多様性〟を誇ったり、その〝必要性〟にひっかかってはならないのだ。即ち「無病常楽の神示*」にはこう示されてある。

『病んでいると云う病は本来ない、苦しんでいると云う苦しみは本来ない。「これだけ自分は苦しんでいる」と、その苦しみを自慢にするような心は、却《かえ》って病気を招く心である。キリストの受難に倣《なら》って自分も亦《また》苦しもうなどと云う心も愚《おろか》な心である。キリストは神性《しんせい》であるから未《いま》だ嘗《か》つて一度も受難はない。十字架も受難ではなく受苦ではなく法楽《ほうらく》である。神の子には「難」の受けようがなく、「苦」の受けようがなく任運無作《にんうんむさ》、法爾自然《ほうにじねん》、水の流るるが如く、すべてが惟神《かむながら》の法楽である。斯《か》くの如く悟るとき苦しみを自慢にする心も苦しみを厭《いと》う心もおのずから消え去ってしまい、苦もなく、艱難《かんなん》もなく、苦楽を超越した本当の楽想《らくそう》を生じ、吾れが一変し、天地が一変し、人生はただ歓びの讃歌に満たされるのである。実相は苦楽を超越する法楽であって、実相をもって苦もなく楽もないと云うのは謬見《びゅうけん》である。汝らが「楽」と称する「楽」は本当の「楽」ではないから、「楽」を求むれば必ず苦を生ずるのである。五官のうちに、感覚の惑《まど》わしのうちに「楽」があるとするのは謬見である。五官の「楽しみ」はその本性決して「楽」に非《あら》ざるが故に「苦」に変ずるのである。実相はかくの如き仮相《かそう》の苦楽を超越すれども、真相の「楽」そのものである。法悦《ほうえつ》そのものであり法楽そのものである。その「楽そのもの」が「常住《じょうじゅう》の我《われ》」であって、これが「神の子」である。「神の子」が「人間そのもの」であって、その外《ほか》に「人間」はない。人間とは常楽を言い、無病を言い、不苦を言い、不悩を言い、不壊《ふえ》を言う。肉体は「人間」ではない。人間の心の痕跡《こんせき》であり、足跡である。破壊すべきものは人間ではない。汝らよ、汝ら自身の不苦不悩無病の実相を見よ。（昭和七年十一月十日神示）』

根本の真実

このように「現象ナシ」と「実相独在」の教えは上つらの理解や会得《えとく》ではなく、

「法楽の教え」であることを知らなくてはならない。又実相を何もない世界、空無《くうむ》と考えてもならないのである。ただこのようなことを堀山さんは失敗の体験から教えられることになったのだ。けれどもそれは人生に失敗が必要だということではなく、不幸な体験が必要ということでもない。そうでなければ、その必要悪は消え去ってはならないことになるからである。

さらに又、もう一つ彼がこの倒産の失敗によって得た貴い教訓は、奥さんの京子さんの素直な愛と信頼とを確認したことであった。奥さんは、小さい子供四人を抱《かか》え、家をなくし、店もなくして、これからどうして食べて行くかという土壇場《どたんば》に追いこまれた時、こう言って夫をはげました。

「お父さん、また二人で一からやり直しましょう」

そう明るく言って、一言もグチや文句を言わず、夫にそのままついて来てくれたことであった。この妻の「夫を信じ、従ってくれる心」があったことが、堀山さんの〝最大の悦び〟であり、救いであったと述懐しておられたのである。こうして堀山さんはその後、地方講師*としても活躍し、さらに与えられている今の職場と住居とで、

「叫んで歩きたい程の幸せと充実感と生き甲斐《いがいみ》に充たされています」

と話しておられたのであった。

このように、全ての人はこの人生の「生活学校」で、心の法則を活用して自分の心を現象界に映し出し、様々なドラマを展開しつつ、それを鏡として自分の心を観《かん》じ取り、修正補足して、本来の神性《しんせい》・仏性《ぶっしょう》を現しだす訓練を繰り返し、その過程において、「魂の進歩向上」をなしとげて行くものだ。その根本になる教えが、

『「神の子」が人間そのものであって、その外に「人間」はない。人間とは常楽を言い、無病を言い、不苦を言い、不悩を言い、不壊を言う』

ということである。

＊『真理の吟唱』＝霊感によって受けた真理の啓示を、朗読しやすいリズムをもった文体で書かれた〝真理を唱える文章〟集。谷口雅春著。（日本教文社刊）

＊「無病常楽の神示」＝谷口雅春大聖師が昭和七年に霊感を得て書かれた言葉で、この神示の全文は『新編聖光録』又は『御守護神示集』に収録。（日本教文社刊）

＊地方講師＝自ら発願して、生長の家の教えを居住都道府県で伝える、一定の資格を持ったヴォランティアの講師。

三　裁くものは誰か

嘗て釈迦牟尼如来もこの為に来りたまえり。
嘗てイエスキリストもこの為に来りたまえり。
若し罪が実在ならば
十方の諸仏もこれを消滅すること能わざるなり。
イエスキリストの十字架もこれを消滅する事能
わざるなり。
されど汝ら幸いなるかな、
罪は非実在にして迷の影なるが故に、
十方の諸仏も
衆生を摂取してよく罪を消滅したまえり。

――聖経『甘露の法雨』「罪」の項より――

自分を認めること

すばらしい世界

多くの人々は、この世の中を不完全で、窮屈《きゅうくつ》で、面白くない世界だと思うかも知れない。ところがそうではなく、この世界はいくらでも変化し、自由自在になる世界なのだ。このことにいち早く気付くことが大切で、そのためには青少年時代から「神の子・人間・自由自在」の真実を知る必要がある。そうでないと、年とってからやっと気が付いても、その後の肉体人生はあまり長くないし、それまでの長い人生が、大部分ムダになってしまうだろう。全然ムダではないが、丁度《ちょうど》おいしい御馳走《ごちそう》を食べず嫌いで抛《ほう》りだし、「ああ、腹がへった」と、泣き叫んでいたようなことになるからである。

何しろ「実相世界」という神の国・仏の世界は「すばらしい」の一語につきる。

「筆舌《ひつぜつ》に尽《つく》し難《がた》し」なので、写真にとって見せる訳《わけ》にも行かないし、肉眼でじっくり見とどけることもできない。〝智慧《ちえ》〟と〝愛〟と〝生命〟の満ちあふれる世界だからである。智慧も愛も、あなたは見たことがないだろう。生命だって、見た人は一人もいない。死んだといっても、そのいのちを見て言うのではなく、肉体の脈や脳波などを見て、そう言うだけだからである。

愛がある人でも、その愛は見えないし、聞こえない。つまり最もすばらしいものは、五感を越え、六感も超越している。だから「実相世界」は「天」と言い「無」とも表現する。しかしそれは地球の上に見える天でもなく、何もないカラッポの無でもない。「すばらしい世界」が筆舌《ひつぜつ》に尽《つく》し難《がた》しであるから、仮にそう言うだけである。

従って人は全て神の子であり、無限力の持主なので、ただ現象界（この世など）にはそのすばらしさが充分現れていない。丁度ほとんど何も書いてないカンヴァスのようなものだ。そこに描くことによって、現象界はどんなにでも美しく変わり、立派になり、輝かしくもなる。だが一方きたなく描けば、きたなくもなる。丁度落書をして、見苦しくよごした壁のようになってしまうこともある。つまりこの世は自由になるのであり、どうにでも変化する。そのためには、自分で自分のすばらしさを認めなくてはならない。自分が下《くだ》らない者、つまらない者だと認めていて、立派になるわけがない。この世は「認めた通りになる」。自分で描こうと思う絵が書けるように、「私にはうまく描けない」と、自分の能力を低く認めたら、あまり上手《じょうず》には描けない。しかし誰かが認めてくれて、ほめてくれたりすると、自分でも、「や、上手になれるかもネ」と、自分自身の能力を認め、それから練習する。訓練しはじめると、どんどん内在の力が出てきて、立派な絵描きさんになるようなものである。

誰があなたを裁くか

平成八年五月二十一日の『読売新聞』に、こんな悲しげな質問がのっていた。

『三十二歳の男性。私は人に顔を見られるのが嫌いです。外出すると、通る人が笑ったり、避けたりします。特に女性が「変な顔」と言って笑います。だから、外出する時には、帽子とサングラスをしています。

今は会社で働くことができず、無職です。顔を見られたくないからです。前の会社でも女子社員に笑われたことがあります。女性は嫌いです。殺したいと思ったことが何度もあるのです。将来結婚する気もありません。いつも孤独です。精神科に行くべきか悩んでいます。

(東京・H男)』

さてこのH君は、自分を「変な顔をして、女性が避ける」と認めている。しかし果たして本当に変かどうかは、よく分からない。通行人が避《さ》けるのは、その人たちがH君にぶつからないように避けてくれるのかも知れない。このごろの都会では、まるでぶつかってしまいそうになるまで、平気で歩いて来る人が多い。そんな中であらかじめ避けてくれるのは有難《ありがた》い人たちで、「昔の江戸っ子のようだ」と思って、たのしく歩けばよいのである。この頃の青年男女は、手を組んだり、肩をだいたりして歩いているのが一杯いる。しかし中には「変な顔」の女の子や男の子も沢山《たくさん》いる。そんな男女ほど、ひどくベタベタして、「死んでも離れるものか」と力んでいるようだと言う厳しい〝批評家〟もいるくらいだ。ところがH君は、自分で「嫌われている」と認めてしまったから、いよいよ益々《ますます》そうなってしまったと気がつかなければならない。

つまりこの世は、自分で認めたように変化する。しかもその変化は一ペンにグシャッと変わるのではなく、段々に、徐々に変わってゆく。そうでないと世の中が〝奇蹟《きせき》〟だらけになって、貧乏人がとたんに金持になったりして、困るからである。つまり訓練したり、努力したりして、その結果やっと変わってゆく……というように、うまく出来ているのである。

例えば、昔フィリピン大統領だったマルコス氏の夫人に、イメルダ・マルコスさんという女性がいた。このイメルダ夫人は未亡人となりアメリカに亡命したが、当時のフィリピン政府から二億ドルを盗んで宝石や不動産などにしてしまった等と訴えられ、アメリカのニューヨーク連邦地方裁判所に起訴されたことがあった。その時夫人の主任弁護士として彼女を弁護したのがゲーリー・スペンス(Gerry Spence)さんで、同氏はその時の様子《ようす》を著書の中でこう書いている。

『ある日、マルコス夫人と私が法廷に向かう途中のこと、混雑した道で私たちの車は赤信号で止まった。すると新聞配達の少年たちが刷《す》りたての新聞を手にかざしながら車に向かって走り出てきた。そのなかの一人が『デイリー・ニュース』を持っているのが見えた。その一面いっぱいにマルコス夫人のグロテスクな写真が、その下には特大の見出しが躍《おど》っていた。それにはたった一言、「ブーブー」と書かれていた。

私はマルコス夫人の注意をそらそうとしたが、彼女はすぐにその新聞に気づいた。私は彼女の手に自分の手を重ねて言った。

「気を悪くされたことでしょうね」

「いいえ」。彼女は答えた。その目は温かく穏やかで、声は優しく、怒りも苦痛もなかった。

「気を悪くされてないんですか」。私は尋ねた。

「ええ。あれは私ではありませんから」

彼女は正しかった。確かにそれは彼女ではなかった。私は裁判のあいだにブーイングを何度も聞いたことがあるが、彼女の口からは一度も聞かなかった。後に陪審《ばいしん》が評決《ひょうけつ》を下したとおり、彼女は何の罪もない女性で、国際的な政治ゲームにうつつを抜かす、とある政府によって不当に告発されたのだった。しかし、何よりも彼女は私にこう言っていたのだ――自分は『デイリー・ニュース』にも、何も知りもしないで自分を軽蔑した大勢のアメリカ人にも、自分を裁く力をいっさい与えていない、と。結局、彼女を裁くのは、彼女自身だけなのだ。」（『議論に絶対負けない法』三笠書房版・五九頁―六〇頁）

議論に勝つとは

スペンス氏は同じ本の中で、再婚した新夫人イマジンさんとの新婚生活のことを書いているが、二人が新婚旅行から帰り、新居に落ち着いた頃のことだ（同書四四頁―四五頁）。翌日スペンス氏は仕事に出かけ、その晩は夕食の時間に家に帰ろうと思った。イマジン夫人は特別の料理を定刻に用意して待っているはずだったが、スペンス氏は、わざと一時間ほど遅らせて帰宅した。というのは彼の先妻とは「彼が約束の時間に帰らない」という問題で争いが絶えなかったからである。こうして彼はその日約一時間遅れて帰宅した。

すると驚いたことに、イマジンさんは寛大《かんだい》なキスと笑顔で彼を出迎え、温《あたた》めた夕食を彼の前に出して、夫の相手をするために腰かけた。そして、

「私は一時間前に食べたの。あなたの分もおいしいといいんだけど……」

と言っただけだった。スペンス氏は信じられない思いがして、もう一度翌日もわざと一時間おくらして帰宅した。しかし同じように妻はやさしく迎えてくれた。彼が

「君は怒っていないのか」と聞くと、驚いた様子で、

「仕事で大事なことがあって忙しいんだろうと思ったわ。そうじゃなければ、帰って来るはずでしょ」

と言ったのである。彼は反省して、もう夕食にはおくれないことにした。こうして妻は彼との間の「議論に勝った」のだというのである。つまり議論に勝つというのは、真正面からぶつかり合い甲論乙駁《こうろんおつばく》して勝つのではなく、〝議論しないで勝つ〟ことを教えられたというのである。

このように人は自分の信ずる通りの世界を目前に作り出して生活するのだ。最初はそうでなくても、結局は夫を信じ、夫を立派な人と信じている妻には、夫もそうなっ

て行くという話であり、その根底には人間の本質についての明るい信仰がなくてはならない。同書でスペンス氏は「正直であること」が必勝の秘訣《ひけつ》だとも説いているのである。

すばらしい自分を認める

アメリカでの例ばかりをあげたが、真理や法則は全宇宙的であるから、日本人だけは特別例外で、ウソ、ハッタリ、ゴマカシで幸福な人生に出られるというはずはない。人間は自分自身の信ずる通りの世界を作りだす。だから自分の出生を親が喜ばなかったなどと思いちがえて、親を恨《うら》んだりしないことである。

T県に住んでいた末次稔さん（昭和四十三年二月生まれ）は高校一年の夏休みから二十七歳になるまでシンナーを吸っていた。その十二年間は家族は勿論《もちろん》多くの人々に迷惑や心配をかけ続けたが、同時に又大いに助けられもした。二十七歳までシンナーを吸っていると、自分自身にいやけがさし、死のうと思って山の中に行き、薬をのんだり、血管を切ったこともあった。そんな時近所にYさんという生長の家の講師の人がいて、その人の話を聞いた。それでも急には変わらなかった。だがしばらくすると、背中に入れずみの描いてある土建業のおじさんがやって来て、

「俺の所に来るか、それとも生長の家の練成をうけるか、どっちかにしろ」と言うのだ。あのおじさんの所に行ったら、どうなるか分からない。仕方がないと思って、平成七年の三月に、飛田給*の一般練成会に参加した。そして「ここで変われたら、もうけものだ」と思い講話を聞いた。すると天皇陛下についてのお話があり、自分自身に誇りが持てたのである。「こんなすばらしい日本だったのか」と思い、さらに自分自身のすばらしさにも目覚めた。するととてもうれしくなり、伝道練成もうけ、河口湖の練成会にも行き、今は全くすばらしい青年となって活躍しておられるのである。

宮崎県東諸県《もろかた》郡国富《くにとみ》町大字宮王丸《みやおうまる》に住んでおられる野中健児さん（昭和四十五年十月生まれ）は、十代のころからグレだした。中学生のころから、恰好《かっこう》だけ不良のマネをしていたが、彼があまり親の言うことを聞かないので、「本当の親ではない」と教えてくれた。健児君が生まれて十六日目に、今の育ての親の所に養子に来た。その時彼は「生みの親に捨てられたのか」という強い失望感があったらしく、急速に不良化して行き、暴走族となり、シンナーを吸い、覚醒剤《かくせいざい》に手を出すという転落のコースを辿《たど》っていった。

するると警察にも名が通り、県内でも名前が知れてきた。やがてヤクザの仲間に入り、極道《ごくどう》一本で世間に反発する人となり、次々と色んな薬物に手を出した。こうして遂《つい》に悪いことをするのが当り前の人間に自分自身を〝限定した〟のである。つまり親に愛されていない自分を、これでもかこれでもかと作り出したと言えるであろう。

しかし幸いなことに、十六歳で伊万里《いまり》市に住んでいたころ、近所の人にすすめられ、一度だけ長崎県にある生長の家の総本山に行ったことがあった。けれども「下らない話だ」と馬鹿にして、「神の子・人間・すばらしい」を否定した。「有難うございます」と言われても、何を言ってる、有難いことは何もないぞ――と思うばかりだった。けれども、そのことが原因となって生長の家が印象づけられ、やがてゆには道場*に来て長期生となったのである。

しかし練成中も道場を抜け出しては町をブラつく。親に対しても何一つ感謝はしない。だが皆から大事にしてもらい、「君はいい人だ」と言われるのがうずらしく、何となく面白いので、ゆには道場からは逃げ出さなかった。何かここから帰りたくないと思うのだ。けれどもある講師の話を聞いているうちに、とてつもなく涙が流れ出したのである。その理由はよく分からないまま、その晩今まで一度も見たことのない生みの親の夢を見たのであった。

つまり彼の心の奥底には、親を求め、親に愛され、親を愛している自分自身がいたのだ。それが出てきたので、涙が流れ、自分自身を取り戻すきっかけとなった。彼の描き認める自分が、悪人ではなく善人の方へと変わっていった。こうして野中君はしばらく長期生としてゆには道場で暮らす結果となり、当時講師をしておられた八日市《ようかいち》屋《や》先生や右田講師、佐古野《さこの》講師を、あたかも〝親〟のように感じ、心から安らかとなったのである。

こうして道場内で彼は、求め続けた〝親〟の愛を見出し、さらに家に帰ると公務員だった養父母がい、さらに自分を生んでくれた生みの父母もいて、これら沢山の親に恵まれている自分を感謝する心に変わっていった。その結果彼の心の中に「親に見棄《す》てられた自分」ではなく、「親に愛され、親を愛している自分」が強く認知《にんち》されるようになり、それにつれて彼の生活態度は以前と一変し、すばらしい青年となり、ゆにはの長期生として八ヵ月研修を受けた後、上京して専門学校に入り、その後養父母の転勤に従って宮崎県に定住し、友人にも恵まれ、奥さんとも恋愛結婚し、現在は子供さんも生まれて、生みの親にも「この生活を見てもらいたい」と思うようになったのである。

親に感謝ができる

さらに二十歳ごろ彼は自営業をやることを夢みていたが、平成七年の十一月ごろから自分でトラックを買い、独立した仕事が持てるまでに成長した。今では生みの親もいて、育ての親も二人いて、生長の家に来れば色々の親のような先生方に会えるという豊かな気持で、〝沢山の親に恵まれた自分〟をハッキリと描き認め、人々に感謝する、明るくすばらしい生活を送っておられるのである。トラック稼業《かぎよう》に入って平成八年で五年くらいになるが、太宰府《だざいふ》インターの前を通る時には、教化部（ゆには道場）が見えてくる。すると往《ゆ》く時は「行ってきます」帰った時は「帰りました」と心の中で挨拶をするようになった。しかも、この五年間は一度も事故を起したことがなく、仕事も順潮に進んでいるということであった。

どんな非行少年少女でも、みな心の奥底には「この自分を変えたい」という思いがひそんでいる。それは現象の奥の実在者たる自分の「心」の働きであり、その心の奥の「心」の声に従う限り、すばらしい自分に気付いて、それが次第《しだい》に現実のものとなってゆく。自分が自分を、よりすばらしい者と認知し、それが実現するのである。

＊飛田給＝東京都調布市飛田給二―三―一にある、生長の家飛田給練成道場のこと。生長の家の各種の練成会や宗教行事が行われている。
＊ゆには道場＝福岡県太宰府市都府楼南五―一―一にある、生長の家の練成道場。

罪があるかないか

罪を消すために？

人はよく罪ということを考える。宗教では〝罪人《つみびと》〟とか〝罪悪深重《ざいあくじんじゆう》の凡夫《ぼんぷ》〟などと言う。キリスト教には〝原罪〟というような言葉もある。これは創世記の第二、三章において、エデンの東の園に住むアダムとイヴが蛇の智恵にだまされて、「智恵の樹の実」をたべた所に生じた迷妄《めいもう》であって、創世記の第一章で述べられている「神の創造」された真実の人間、即《すなわ》ち神が「甚《はなは》だ善し」と誉められた所の「本当の人間」のことではないのである。つまり罪や迷いは、神の創造ではなく、本来ナイものだ。迷いの霧を通して見た〝現象〟のようなものであり、〝実相〟即ち「実在」ではないのである。

それ故《ゆえ》「罪の語源は包みだ」と説くのである。本物を蔽《おお》い隠し、包んでいる状態を表す言葉だ。それ故この〝罪〟をいくら詳しく分析し、追求しても、何一つ救いは来ないということになる。〝霧〟だけを研究しても、〝本物〟の風景は一向に分からないようなものである。

例えば北海道函館市亀田中野町《はこだてしかめだなかのちょう》二三に住んでおられる對馬《つしま》ツナさん（昭和十一年五月生まれ）は、結婚して夫の隆好さんとの間に二人の娘が生まれた。ところが上の娘の和子《より》さんがある新興宗教に入信して、熱心にその教えを信じていた。ツナさんも娘さんと度々《たびたび》話を交わし、とうとう和子さんと共にその教えに深入りして、天中殺《てんちゆうさつ》とか何とかの年回りであるというので、「すぐ入信して行《ぎよう》じなければ、大変なことになる」と告げられたのである。

そう言われてみると、今まで色々と不幸な出来事ばかりあった。それは全てそのような年回りとか何とかに原因があると言う。しかし本来人間は「自分が自分の主人公」であって、年まわりや何やらのせいで左右されるのではない。心がこの現象界を作り出す主人公だから、「今年は不幸な運命や年回りで不幸が来る年だ」などといわれてその気になれば、不幸や不運にもなるだろう。しかし本当のことを知らなかったので、ただ恐怖心をそそられると、そこから逃れたい一心から、一所懸命その教えを信仰したが、中々運命は好転しなかったのである。

すると先輩の信者さんが、「家族全員が入信しなければ願いは成就《じょうじゅ》されない」と言うのだ。そこで遂《つい》に家族全員を入信させるため、いやがる家族を説得し、遂にこの信仰を強制しはじめた。けれどもちっとも明るく楽しい人生は訪れて来ないのだ。何をどう実行したのか知らないが、罪をアルと信じて何かするのだから、その罪の姿は中々消えないのである。

すると今度は、「ご先祖が成仏していないのが原因だ」とか「對馬家に代々伝わる因縁《いんねん》による。その悪因縁を断ち切るには、お金も時間もかかりますよ」と、さらに恐怖心をそそるような説明をされた。「一番大切なことは、この教団への奉仕を喜んで行うことです」と念を押された。ツナさんは恐怖心で頭が一杯《いっぱい》になった。しかし自分たちの人生が好転するためには、やはり言われたことを一所懸命やるしかない――と心に決めたのであった。

恐怖心がつのる

すると彼女が役員をしている会社の仕事と、その教団への奉仕の日や集会日とがぶつかるのだ。もし教団の行事をさぼると、益々《ますます》〝罪〟の意識が強化され、今までやってきたことが全て水の泡になるような気がする。そこで会社の社長を説得して入信させたり、集会に参加させたりした。それでも会社の事業が発展しないのは、信仰姿勢が悪いからだと思い込み、心配事や悩みを解消させるために入信したはずだのに、ますます悩み苦しみがつのり、会社にも損失をかけるといった暗黒状態に落ちこんだ。

これは全て「罪」をアリとして強調し、それを金銭や奉仕で解決しようとする迷妄によるもので、まるでアリ地獄に落ちこんだアリのような悲劇的世界を現出した。そんなある日、その教団の大祭が本山で行われたが、その日函館の道場でその様子が衛星放送で中継されると聞かされた。そこでツナさんは函館の会場に駆《か》けつけ、一心にお祈りをしたりしてから帰宅したが、その途中、フト心に浮かんだことがあった。それは会社の社長を通じて知り合った生長の家の佐藤講師のことである。彼女が、

「生長の家の佐藤さんは、今頃どうしているかしら」

とたずねると、社長さんは、

「しばらく疎遠《そえん》になっている間に、函館教区の教化部長になっているということだよ」

と言われた。すると不思議なことに、彼女の車が生長の家の教化部に吸い寄せられるように近づいて行くのだ。それは心の中で、佐藤さんに会って話をしたい——という思いがあったからで、心に描くことが行動に現れ、現実化して行くのが「心の法則」である。それ故「罪、罪、この罪をどうしたら消せるか……」と、そのことばかりを

心に描いている間は、中々罪は消えて行かず、かえって罪らしい迷いの霧にのめり込んで行き、二進《につち》も三進《さつち》も行かなくなる。

　こうしてツナさんは、何年かぶりで生長の家の佐藤教化部長(現在は東京第二教区担当)に面会し、四方山《よもやま》話に花が咲いた。その間、彼女は心の中の悩みについて話した。彼女は某《ぼう》宗教を信仰し、その言われる通りを実行したが、一向に罪が消えるようには思えないと訴えた。すると佐藤講師はニッコリと笑って、

「あなたにふりかかっているように見える数々の不幸な出来事、それらは全て無いんですよ。アルと認めるから、あるように現れてくるんです。ましてその教団の〝悪因縁〟などというものは、本来ナイのですよ。アルと認めると、その〝悪因縁〟のせいで数々の不幸が起ると錯覚してしまいます。人間は本来神の子であるから、對馬さんは幸せになるための人生を送っているんですよ」

　と話して下さった。ツナさんはその話の意味がその時はまだよく分からなかったが、ただ何となく嬉しさがこみ上げて来るのを堪《こら》えきれなかったのである。

光が訪れる

　人は誰でも本当のことを聞いたり、行ったりすると、嬉しさがこみ上げて来る。そ

の逆に間違ったことを聞いたり行ったりすると、苦しくなり、悩ましくなる。それは本来人間が神の子で、内在の神性・仏性がそのコトバや行動を誉《ほ》めたたえるからである。丁度《ちょうど》数学の難問を正しく解《と》いた時のような、内心の解放感が起り、それが悦《よろこ》びとなるのである。

佐藤先生は最後に別れる時、名刺を渡して下さったが、そこには「万事好都合《こうつごう》」という不思議な言葉が書いてあった。さらに「三日後に短期練成会があるから、ぜひ出席してみては」と勧められた。そこで彼女は早速その生長の家の練成会なるものに出席した。するとその中で彼女の数々の悩みが一度に吹き飛んでしまった。心の中の〝罪の意識〟が、音を立てて崩《くず》れてゆくような気がしたのだ。それはあたかも何十年間暗闇《くらやみ》が続いていても、一条の光が射し込んでくると、忽《たちま》ち闇が消えさって光になるようなものである。闇は闇によっては打ち消すことが出来ない。ただ光という「真実」のみによって打ち消されてしまうのである。悪夢から覚めると、人は忽ちその苦しさが覚醒《かくせい》の悦びに変わる。夢（迷い）は夢の中の何ものによっても目醒めるものではない。

このような体験から、ツナさんは早速生長の家の教えを娘さんに伝えようとした。けれども和子さんは「絶対反対」を唱《とな》えた。さらに説得しようとすると、「それなら親子の縁を切る！」と言いはった。昔は親が娘にそう言って迫る場面もあったが、今はどうやら逆転したようである。しかし和子さんも罪の意識の泥沼から抜けでたい思いがあったから、ツナさんが「神想観」で娘の実相のすばらしさを観《み》続けているうちに、和子さんも生長の家の講習会や練成会に何回か参加するようになった。その度に彼女も生長の家の説く「神の子・人間・罪なし」の教えを理解するようになり、やがて青年会に入って生長の家の活動をするように変化した。さらに吉田尚樹という娘婿《むすめむこ》さんも縁あって函館教化部に奉職するようになり、この吉田さんの両親と對馬さん夫妻とは総本山の団体参拝練成会にも参加されたのであった。

この団参の時、吉田さんの父親は半身不随だったのが、団参の間に歩くことも話すこともできるようになり、帰る時は総本山に杖を置いて帰っていかれるという明るい結果が現れたのであった。ツナさんは平成七年度の団参が三回目で、彼女が役員をしている会社も「栄える会」*に入会し、新商品の開発や発売をして、実績を向上させつつあるという話だ。さらにツナさんは現在地方講師であり、白鳩会の支部長、聖使命会員対策部長としても大活躍しておられるのである。

菩薩行

このように人は皆《みな》神の子であり、罪人であったり罪悪深重であるように見えるのは、現象という仮の姿である。だから、この仮の姿である〝映し画〟に捉えられ、罪の詮《せん》索《さく》ばかりして、金銭や時間を浪費して迷妄の霧の山に深入りして行ってはならない。勿論《もちろん》この実例のように、迷い苦しむ罪の姿を信じ、その苦しみや不幸の中から正しい道を見出し、罪人の意識から目覚めるという事もできる。ツナさんは「フト思いついて」以前から知り合っていた佐藤講師に面会に行ったことがきっかけとなった。もし彼女が佐藤氏を単なる「知り合いの人」とだけしか認めなかったら、わざわざ面会に行ったかどうかは分からない。しかし「生長の家の講師だ」と知っていたことが救いに連なっている。それ故、いくら立派な人格者でも、やはり平素《へいそ》から「生長の家」を表に出して伝えていることが大切な人助けになるのであって、ただ黙って無神論者のように生活するだけでは、救いの力が出て来にくい。信仰は明朗であると共に、公明正大に、機会をみて生長の家の会合におさそいするという〝菩薩行《ぼさつぎょう》〟が望ましい所《ゆ》以《えん》である。

信仰は初期には〝声聞《しょうもん》〟によって教えを聞き、次いで〝縁覚《えんがく》〟の段階に入り、理屈が分かり原因結果の法則を知るようになるが、さらに〝菩薩〟の行《ぎょう》を行って、人々を救う働きをするに到る。これを仏教では「三菩提《ぼだい》」と言うが、そこから〝仏〟の悟りに入るとされている。即ち自分一個の救い（小乗の救い）に滞《とど》まらず、進んで多くの人々に救いをもたらす大乗の境地に達することがとても大切だ。大乗は「大きな乗り物」という意味であるから、多くの人々に真理をお伝えするということであり、そのためには正しい宗教的活動の一員として、さらに又幹部として、講師活動などをすることが望ましい。一個人として信仰し、身をつつしみ、家内安全を祈るだけでは、どうしても利己的なおかげ信仰になりやすい。それではまだ信仰の入り口（声聞）に停《と》まっている状態といってもでもないのである。

大往生

しかも人々が正信を得て、それを深化するには、近親者ばかりではなく多くの人々に伝える道を選ぶのが最良で、こうして有意義な生き甲斐のある一生を送り、さらに次生《じしょう》や後生《ごしょう》にもその愛行が続き、幸福の領域が無限に拡大されて行くのである。例えば新潟県三条市上保内《かみほない》村二ツ山に小出《こいで》ムツさん（大正十五年二月生まれ）という方が住んでおられるが、彼女は当地で永い間生長の家の地方講師として活躍された小出タケさんのお嫁さんである。彼女は小出家へ嫁《とつ》ぐまで、生長の家がどんな宗教か、全く分からなかった。ところが嫁いで来ると、嫁と姑《しゅうとめ》の仲は中々うまく行かなかった。今でもうまく行かない家も多いが、昔は姑さんがもっときびしかったから、ムツさんは「何でこんな所へ嫁に来たのだろう?」と思い悩む日が続いた。

しかし姑のタケさんの心が次第に変化してきた。そのきっかけは、タケさんが娘のキオノさんの寝小便を治そうと思って、故小林春恵先生の所につれて行ったことから、小林先生から生長の家を伝えられたのであった。タケさんは昭和五十年に亡くなられたが、その昇天されるまでには、嫁のムツさんに対し、

「おかあさん、お前がいてくれれば、おれは何もいらない、この懐《ふところ》にある財布も、お前にやるで」

と言われるようになっていた。キオノという娘さんもすばらしい生長の家の信仰を持ち、北越教区で教務として活躍しておられるが、とにかく「人間・神の子・罪なし」の信仰が深まると、全ての人々が神の子の姿を現して行くのである。しかし「神の子だから完全だ」などと言って威張り出すものはいない。それは実相の「神の子」と、現象の「罪の子、不完全な人間」との区別をハッキリ弁《わきま》えるからである。そうなってくるとムツさんも「生長の家の教えは本当にすばらしい」と信仰するようになり、昭和五十年から入信するようになり、団参にも参加されたのである。

こうなると家庭は円満だし、誰も病気する者はいない。姑さんのおかげで、ムツさんは生長の家の地方講師として活躍され、息子さんも相愛会*の仕事をするようになり、

孫さんも幼稚園の頃から練成会を受け、かつて講習会にも出席して、私に花束を下さったこともあった。タケさんは自分一人で信仰したのではなく、多くの人々に、真心をこめてみ教えを伝え続けたのである。それが彼女自身をすばらしく進歩向上させた。多くの人々もタケさんを尊敬し、喜んで教えを聞いた。すると益々《ますます》伝道に精進し、晩年は出講ばかりの毎日を送った。すると舅《しゅうと》さんも「ババを生長の家に（さし）上げましょうや」と言って、家の仕事は他の者で全てやり通したのである。

そうしているうちに、タケさんは次第に年齢を重ね、老衰が進んできた。しかしそれでも巡講に出ては二、三日から一週間も帰って来ない時もあった。さらに年齢が進むと少し体調を崩《くず》すこともあったが、又《また》元気になると出講した。亡くなられる前には、教区の講師会長をしていた相沢さんが、

「小出先生、一度あなたの家に行って、話をさせて頂きたいが、どうでしょうね」

とおっしゃった。「ああ、是非《ぜひ》来て下さい」というので、誌友さん方に呼びかけて集ってもらった。昭和五十年七月二十八日のことだったが、その日タケさんは菩提寺《ぼだいじ》に行き、お墓参りをされた。帰宅する途中でタケさんは、

「今晩、すばらしい先生がお話に来て下さるので、どうか一人でも大勢うちに来てくんなせいや」

と沢山《たくさん》の方々に呼びかけた。そしてその夜は三十六、七人集まってこられたので、まずタケさんが前講をし、次いで相沢講師が講話され、その後もタケさんが皆さんに、「又来て下さいよ」と呼びかけているうちに、自然に倒れかかって、意識不明に陥《おちい》った。集った皆さん方は夫々《それぞれ》色々と手伝って下さったし、祈っても下さったが、その翌朝には早くから白鳩会長さんと副会長さんが来られ、タケさんに声をかけたが意識はなかった。そこで、二人で『甘露の法雨』を誦《あ》げられた。その読誦《とくじゅ》が終ると同時に、タケさんは何の苦悩もなく息を引き取り、文字通りの大往生《だいおうじょう》をされたのであった。こういった安楽な人生の一幕も、日頃の伝道のたまものであり、いのちは生き通しであるから、又次の世で大活躍をし、菩薩の行を続けられることは間違いないと言うことができる。

＊栄える会＝「生長の家栄える会」の略称。生長の家の経済人で組織するグループ。
＊相愛会＝生長の家の男性のための組織。全国津々浦々で集会が持たれている。

すばらしい回復力

心と肉体

人はとかく「健康」で「豊か」にくらしたいと思うものだが、そのどちらが大切かと問われると、返答に窮《きゅう》するだろう。そこで健康体の人は、豊かさを求めるし、豊かさを満喫《まんきつ》している人は健康を求めるかも知れない。

ところがこの両者とも、「考え様」によって大変違った内容になる。例えば平成九年の暮れ、一歳七ヵ月の女の子（理奈ちゃん）が、渡米して四十日目に心臓移植の手術に成功した。それには大変な費用と労力が費やされ、心臓を提供して下さったアメリカの脳死小児のご両親などには、感謝の外《ほか》はない。この女の子の心臓病は原因不明の拡張型心筋症で、日本の病院では生後二ヵ月の時、あと数ヵ月かの命と言われていた。しかも日本ではドナー（提供者）は十五歳以上と限定されているので、アメリカでドナーをさがしていたということである。

考えてみると、健康な心臓は、お金に換算すると、無限億万円の値打がある。そして普通の人には、大抵そのような心臓が一つだけ与えられているのだから、皆《みな》無限億万円所有の豊かな長者なのである。心臓どころか、眼でも、耳でも、口でも手足でも、内臓のあらゆる部分が、莫大《ばくだい》な金銭や数多くの人々の厚意や深切な思いやり（これらは無限億万円）を合計したような価値があることが分かるのである。

つまり健康であることは、無限の豊かさと同じであって、これらは決して別ものではない。しかもそれがすでに与えられずみなのであり、人々はその豊かさの中で暮らしているのだ。ところが多くの人は、その事実に気がつかず、「当り前のありがたさ」を見失い、「豊かでない」と思ってくらしている。しかもその肉体は、人々の心で大いに変化して行く性質を持っている。何故なら、そこに人々は「自分の心を表現する」からである。

それは丁度《ちょうど》、人々が衣服を着飾ったり、髪形を変えたりして、そこに「自分らしさ」を表現しようとするようなものだ。例えば顔などは最もハッキリと気持や心を〝表現する〟肉体の一部だから、嬉しい時は笑い、悲しい時は泣くのである。それと同じように、胸にもお腹にも、手にも足にも、人の心が表現される。しかも顔がうれしそうに輝いている時は、内臓もまた元気よく動いてその役目を果している。心が暗く、反抗的で、不平不満でいる時は、顔の表情はもとより、内臓もまた、その心をアリアリと表現して、「暗い心」にふさわしいにぶい働きをしているものだ。

深切なコトバ

ところで最近は、癌《がん》で悩む人々もふえてきているが、これも心が肉体に表現された一形式であるから、癌の成長も衰退（退縮）も、大いに本人の心の影響をうけるのである。例えば旭川市大町《おおまち》二条に住んでおられる宮川妙子さん（大正十三年八月生まれ）は、昭和五十七年に旭川医科大学附属病院で乳癌と診断され、右乳房を切除した。ところが昭和六十三年になると癌の転移で、左乳房も全摘の手術をうけた。

この二回目の手術の後で、病状が悪化し、左上半身と腕に激痛が走り、毎日の痛みで夜も眠れず、薬も効かず、寝返りもできないといった状態に陥《おちい》った。しかも抗癌剤の副作用で全く食欲がなく、衰弱してヨレヨレになっていたということである。

「私はもうどうしようもない、断崖絶壁《だんがいぜっぺき》の上にいる」

といった気持だ。夢も希望もなくなり、ドン底状態だった妙子さんに、親戚の高橋美智子さんという生長の家の地方講師の人が深切《しんせつ》に話をして下さった。そのころはまだ手軽い携帯《けいたい》電話がなかったので、夫の禎《ただし》さんが長い電話線をつないで、自宅で寝ている妙子さんの枕許《もと》に電話機を置いて下さった。それを通して、

「おばさん、具合はどうですか？」

「とても痛むの。眠れないのよ」

と答える。すると美智子さんは生長の家の話をしてくれる。

「誰か恨んでいる人はいないの？」

「誰も恨んでなんかいない……」

「じゃ、何か我慢してることはないの？」

「ある、ある。我慢なら一杯してるよ」

すると彼女はいつも「神の子・人間」の話をし、肉体も環境も心の影だと話してくれた。そんなことが何回も続いているうちに、妙子さんは不思議なことに気がついた。彼女が美智子さんと話をしている時だけは、痛みが軽くなるのだ。それを告げると、美智子さんは妙子さんのために神癒祈願を出しているのだという。

「本当はね、おばさんご自身で出すといいんだけど」

というので、妙子さんは夫にその話をした。すると夫は、

「その痛みや苦しみがよくなるんだったら、何をしてもいいよ」

と、ありがたいことを言って下さった。それを聞いて妙子さんはびっくりした。というのは、禎さんは浄土真宗のお寺の息子さんで、「他宗を信じてはいけない」と堅《かた》く信じている人だったからである。妙子さんは「どうしたんだろう？」と耳を疑うくらいだった。

喜んだ彼女はすぐ美智子さんに来てもらって、飛田給の本部練成道場に神癒祈願を出してもらった。又その日に彼女は聖使命会にも入会した。つまり美智子さんと夫との深切なコトバや行いや、「人間は本来死なないいのちである」という教えによって、心の思いが一変したのである。さらに美智子さんは、帰り際《ぎわ》にこう言った。

「どんなに痛くても、苦しくても、〝ありがとうございます〟といえるでしょう。一日に一万遍言ってごらんなさい」

感謝と「ありがとう」

しかし妙子さんは、そんな「ありがとうございます」と言ったくらいでこの病気がよくなるなど、とても信じられなかった。けれどそれから十日程たった真夜中のこと、相変らず激しく痛んだ。その時彼女は「痛い、痛い」といっても時間はたっていく。だったら「ありがとうございます」と言ってみようか……と思ったのだ。そこで「ありがとう」を繰り返した。不安だったが、続けた。そしてさらに名前を呼んでやってみることにした。全ての人々や、物や、空気や水や太陽や様々なものに対して、「ありがとうございます」とお礼のコトバを唱《とな》えた。家族や、親類や、友だちや隣近所の人やお世話になった人たちの名前を一人一人呼びながら、「ありがとうございます」を続けた。

中には嫌な思い出の人もいた。しかし美智子さんが「赦《ゆる》しの祈りをしなさい」と教えてくれたことを思い出し、それを続けたのである。一万回とか何とかという数のことはどうでもよくなった。さらに病気のことも、どうでもよくなって、ただ無性《むしょう》に有難くなった。おなかの底から感謝の思いが湧《わ》き上がってくる。さらに感謝が感動となって湧きあがった。

今までの夫は、いつも眉間《みけん》にしわを寄せていた。しかも彼女の嫌なことばかりを言って、気むずかしく、彼女はいつも夫のコトバに傷ついて心で反抗し、つかれ果てていた。しかし夫は今私を治したい一心で「何をしてもよい」と言ってくれた。これは夫のすばらしい愛だと気がついたのである。今まで感謝していると思っていたのは、本当の感謝ではない。感動が吹き上がり、かけめぐり、妙子さんはワーッと泣き出した。夫はびっくりしたようだが、妙子さんはその時夫に謝ったのである。

「私は悪い妻でした。私はいつもいつもあなたのことを、どうしてこうなの、どうしてなの？　と審《さば》いてばかりいました。それなのに、あなたは私がこんな身体になって、いつどうなるか分からないようになった時、生長の家の信仰をゆるして下さった。本当にありがとう、すばらしい夫でした。私が悪かった。ごめんなさい……」

するとと、不思議なことに、あんなにひどかった激痛が、スーッと潮の引くように消えて行った。感謝が全てを癒《いや》したのである。それからも三日三晩、彼女はわけもなく泣き続けた。すると生れ変ったようにスガスガしい気持になり、目をあけて周囲を見渡すと、全てのものが光り輝いていた。痛みもなく、食事も食べられた。こうしてどんどん元気になっていったのである。

『甘露の法雨』や聖経が読めるようになると、たとえようもない喜びがわいた。それ以後はどんな検査もひっかかることなく、いつしか癌は消えさって健康体となった。その回復ぶりを見て、主治医の先生は首をかしげ、さらに夫の眉間のしわまでも、いつしか消えてしまい、「生長の家」が大好きな夫となられたのであった。妙子さんは現在地方講師でもあり、白鳩の熱心な会員としても活躍しておられるのである。

息子の問題

この宮川さんの例のように、心が変わり、天地一切の人にものに、事に感謝するようになると、肉体も、環境も全てがよくなり、「豊かな世界」が現れてくる。夫に対する不平不満は、女性の場合はよく乳房の病気や子宮や卵巣《らんそう》の病気となって現れるのは、それが女性の夫に対する（又は父に対する）心を表現するに適した場所だからであろう。

勿論《もちろん》天地一切のものに感謝せよであるから、医師にも看護婦さんにも、全ての人々に感謝するのであって、世の中の全ての人々や施設は、まことにありがたい愛の具象化したものだということを知らなければならない。

さらに又こんな実例もある。先にのべた宮川妙子さんは札幌の北海道特別練成会でのべられた体験だが、森岡ひろみさん（昭和二十六年十二月生まれ）は、総本山の団体参拝練成会で平成九年九月二十七日に、やはり乳癌の体験を話して下さった。

ひろみさんは現在松山市居相《いあい》町《ちよう》３４６に住んでおられるが、母親教室のリーダーの人からさそわれて、白鳩会の母親教室に参加した。はじめは世間話をしに行くぐらいの気持で、月に一回通っていたが、それまで長年の間、恋愛結婚したご主人の直明さんと不調和が続いたのは前の例と同じである。夫はいつもおかずの文句をいった。彼女が一所懸命作っても、しょう油が足りんとか、みりんが足りんとかという。それを聞くとひろみさんはムカツクのだ。その不平をいいたくて、母親教室に通うことにしたのだ。彼女が夫に言いかえすと、時には暴力もふるわれた。そんな夫婦喧嘩を、二人の子供はよく見ていたので、やがて長男と次男は「お父さんと別れてくれ」と言いだした。そこで彼女は、

「いい男が見つかるまで、ちょっと待っとって」

と言いのがれをしていたというから、かなり現代的である。だが一向にそんないい男は見つからない。こうして何年も夫婦で争っているうちに、大輔君という長男が高校二年の終りごろから寮でタバコを吸ったり、ビールを飲んだりしはじめた。「寮生活を乱した」というので、もう学校の寮にはおいとけないと言われた。

その日はひろみさんが仕事の休日だったので、夫と二人で高校まで面会に行った。先生に会って色々とたのんでみたが、朝寝をして登校しない日が多いという。居酒屋でバイトをしていたせいらしい。そのような事件があってから、ひろみさんはもっと真剣に「生長の家」をやろうという気持になり、平成九年の二月くらいから『甘露の法雨』を読みだしたのである。

すると三月頃から、急に腰が痛みだし、立てなくなってしまった。これは大変だ、もしかすると子宮癌かな、と思って近くの産婦人科に行って診《み》てもらった。すると子

宮癌ではなかったようだが、前から左の乳首の横に大きなしこりがあった。それを色々と診察してくれて、医師は、

「これは少しおかしいよ」

といい、国立病院四国ガンセンターへ紹介状を書いて下さった。ひろみさんは翌日そこへ行って診察してもらい、乳癌だろうと言われた。もう一度くわしく検査をするというので、後日その結果をききにいくと、「間違いなく乳癌です」と言われた。それをきいて気の強いひろみさんも、毎日泣きくらしたのであった。

しかし大輔君は、母が乳癌だと聞いたので、急に勉強をはじめ、何とか高校三年に進んだのは、彼女の息子への愛が、乳癌というショックを通して相手に伝達されたとも言えるであろう。一方ひろみさんは、息子のことで少し安心したが、それでも自分には死に神がついたのかと思うと、涙が流れ出る。あんなにして夫と結婚したのが間違いのもとか――とも考えた。そして一時は夫をますます恨めしく思ったこともあった。けれども再び気を取りなおし、五月の練成会に出席した。そして「生長の家」の教えはすばらしいと、神一元の信仰にようやく心を開いた。『生命の實相』をよみ、普及誌の輪読会にも加わり、浄心行も行い、水子供養祭にも出席したのである。

こうして次第に懺悔《ざんげ》と感謝の気持に変わってきた。以前医師から、

「森岡さん、覚悟しなさいよ。あなたの乳癌は成功率が五分五分です。今すぐ入院しても、しこりが大きいからすぐ手術はできないのです。だからしこりを小さくするために、手術前に三ヵ月間抗癌剤の点滴の治療をします」

と言われていた。そのため、三月、四月は入院していた。抗癌剤は細胞を殺す薬だから、癌細胞ばかりではなく、他の細胞をも殺す力がある。そのため成長速度の早い髪の毛などはやられてしまうし、他にも副作用が出るのが普通である。吐き気《はけ》がして、白血球の数も下がる。しかしひろみさんの場合は、食欲があった。これはとても大切な点で、食欲があれば身体の生命力や免疫力《めんえきりょく》が維持《いじ》される。それ故「神の子・人間」の信仰が徹底すれば、よくなってゆくものである。時に吐き気はあったが、彼女は他人の倍くらいも食べていたのだった。

しかし髪の毛は抜け、顔にしみができてきた。二回目の抗癌剤で、髪の毛はバサッと抜け、つるつるに禿《は》げた。ある日風呂に入って泣いていると、ご主人がやって来て、

「おれが治してやるから、泣くな」

と声をかけ、やさしく抱きしめてくれて、とてもうれしかった。このような経過を経てひろみさんは夫に反抗していた気持や、その他自分の不足していた点を、色々と反省するように心が変わったのである。さらに笑いの練習もした。笑っていると気分

が晴れるし、癌のことを忘れるので、又六月にも練成会をうけた。七月四日には手術がきまっていた。五月からはご主人が起してくれて早朝神想観に参加した。

さらに彼女は、父と和解していなかったことにも気がついた。父と母は離婚したが、今まで母を泣かしていた父をうらんでいたのだ。しかし手術する前に、父はひろみさんに十万円の見舞金を持ってきて下さった。その愛に心を動かされ、父に電話をして今までのことをわびた。手術の直前になって病院に入ると、

「わが心の底の底なる神よ、無限の力わき出《い》でよ」

と祈ったのである。

こうして病院で再検査すると、最初は乳癌の三期だと言われていたのが、この時にはもう消えていたのであった。その後は薬も飲まなくなったということだ。

このように、女性の乳は夫や父を象徴するから、夫や父やその他の人々に対する反発的な心が「感謝」に代わると、その心の創化力《そうかりょく》により、病院の治療をうけつつ、すばらしい回復力を現し、無限の豊かな人生を実現することができるのである。

信仰と医療の道

神と法則

最近は文明の発達によって、科学的に色々の道具や技術が発達し、人々は多くの恩恵を受けるようになった。この事実は宗教的にも高く評価されるべきで、「神の国」の実在と、何ら矛盾するものではない。何故なら神は愛であると同時に法則であり、科学はこの法則を探究する学問だからである。即ち「神意随順《しんいずいじゅん》・如意自在《にょいじざい》の祈り」（『真理の吟唱』二〇三頁）には、こう記されている。

『神は到る処にその愛と智慧とを示したまうのである。

われわれは困難の中にも、恩恵の中におけると同様に神の愛と智慧とを見出さなければならないのである。自然の中には原因結果の法則が貫《つらぬ》いて存在するのである。この法則から逃れることはできないのである。法則は神の智慧の実現であり、神の自由自在の御《お》はたらきが、われわれの自由に駆使《くし》し得るように法則化してあらわれていたまうのである。もし法則が無ければ、滅多やたらに事物は作用し動作して収拾《しゅうしゅう》するところを知らず、われわれは常に不安定な動揺の中《うち》に生活するほかはなく、科学も成立《なりた》たず、生活も不能となってしまうのである。神通無礙《じんずうむげ》、千変万化、自由自在の神が〝法則〟のすがたをもって顕《あら》われ給うたということは、実にこれ神の無限の愛のなしたまう所であってわれわれは神に無限の感謝を捧《ささ》げると共に、法則に対して素直に随《したが》うことによって、神の愛に報《むく》いなければならないのである。(後略)』

ところが、科学的成果を活用する人々の中に、愛が欠けていたり、科学をすでに完全であると過信するものがいると、かえって争いや病苦をもたらす結果になることがある。平成八年の秋に大問題になったエイズ・ウィルスの混入した〝非加熱製剤〟を多くの患者に投与して、エイズによる死者を出した責任者などは、むしろ非科学者であったと言ってもよいくらいである。

世の中には〝医原病〟と言われる病気もあるが、これは病院に入ったことによって伝染する病気であり、薬剤の副作用と共に、まだ未発達の医学の現状を生々しく露呈《ろてい》している。最近もインターフェロンによる副作用の例が報道された。インターフェロンというのは「ウィルス抑制因子」とも言われ、人間の身体にある免疫《めんえき》反応の引き金となる蛋白質《たんぱくしつ》だ。つまりある細胞がウィルスに感染すると、そのウィルスに対して身体は抵抗し、健康を保とうとする。その時ウィルス抑制因子、つまりインターフェロンが体内で作られるので、肉体細胞のもつ防衛機構の大切な因子となるのである。

副作用

だからこれを使えば多くのウィルス性病気によく効《き》くはずで、肝炎やガンの予防や治療にも活用できると考えられたのだ。ところがこの薬にも、α、β、γの三種類あるが、いずれも完全なものではないので、副作用が発生する。平成八年十月十三日の『読売新聞』には、C型肝炎の患者にこれを用いた場合、副作用によって一年間に十二人の患者がうつ病にかかり「自殺した」というのである。一九九四年の厚生省のまとめによると、副作用でうつ病にかかり自殺を図った患者は三十二人だったという。

『(前略) インターフェロンには、様々な副作用がある。うつなど精神神経症状のほか、発熱や悪寒、けん怠感、脱毛。白血球・血小板の減少、甲状腺の障害や、間質性肺炎、発しん、眼底出血などが起こる場合もあり、糖尿病を悪化させた例もある。

C型肝炎患者の私大講師、中島小波さん（六五）（東京都大田区）も副作用に苦しんだ。九五年二月にインターフェロンの治療を始めたが、特にうつ症状に悩まされた。「体を動かすのさえ、いやになる。友達と電話で話していても、声が沈んで、別人みたいと言われました」

治療を始めてすぐ食欲不振に陥り、三キロやせた。けん怠感もひどく、十六年間ほとんど休まなかった講義を休んだこともあった。

四か月目から、脱毛も目立ち始めた。「髪を洗うと、抜け毛がつかめるくらい排水口にたまるのです」。どうしても治療をやり抜く覚悟だった中島さんは、万一に備え、かつらを購入した。

副作用を案じた主治医の指示で、同じ病院内の眼科で定期的に診てもらっていた。七月に入り、眼底出血が確認されたため、主治医はインターフェロンの治療を中止した。（後略）』

これは人体内ではうまく働く〝自然治癒力〟を、あまりにも人工的に抽出しようとした未熟さを示しているようである。人間の生命力は偉大であるから、肉体が故障すると、必ず補修する力が働く。しかしその力は本来〝神の子・無限力〟の一部であるから、その一部からさらに又ごく一部（例えばインターフェロン）だけを取り出して注射しても、多くの副作用と高価な薬価に阻《はば》まれて、中々全快にまで持ちこたえられない。それは肉体人間だけの自然治癒力にまかせた場合でも似たようなもので、どうしても〝神の子・人間〟の自覚を深めて行き、無限に生き続ける〝本源〟からの力を導入しなければならないのである。医療にたずさわる医師の方々でも、その点は同様で、正しい宗教的な〝観〟や祈りは万人共通のものであり、科学と対立する所は何もないのである。

院内感染

例えば次のような実例がある。愛媛県宇摩《うま》郡土居《どい》町小林《いちよう》に住んでおられる鈴木寿子《ひさ》さん（昭和二十二年八月生まれ）は、生長の家の信仰をもった母に育てられたので、自然に生長の家に入信し、幸せな結婚生活を送った。しかしあまりに平穏であることに馴《な》れすぎて、父母や夫に感謝が足りなくなったらしく、三人目の子供を十五分間で安産した後、小便が出なくなった。この話は『病いが消える』*という本の中で紹介したので、詳しくはのべないが、結局感謝の心が徹底するとすっかり回復し、その後白鳩会の支部長ともなり、地方講師として大活躍をされるようになった。

ところが平成八年九月二十八日に、総本山の団体参拝練成会で、こんな体験を話して下さった。平成七年の団参の頃、寿子さんの父忠男さんは八十四歳になられたが、閉塞性動脈硬化症《へいそくせいどうみゃくこうかしょう》にかかり、右足にバイパス手術を受け、足の中指と薬指二本を切断した。そのあとに、腹部か大腿部《だいたいぶ》かの皮膚を移植する手術を受ける予定になっていたのである。しかし皮膚を移植しても、必ずくっつくとは限らない。全ては自然治癒《ちゆ》に頼る外《ほか》はないからだ。手術の後の細胞の接着でも同様である。病院でも、その点は保証できないと言い、うまく行けば皮膚はくっつくが、そうでなければ、膝《ひざ》から下を切断しなければならないだろうと言う話だった。

　しかし今すぐ手術しないといのちがあぶないという状態なら、すぐ手術したかも知れないが、一週間ぐらい延びても大丈夫というので、寿子さんはその間に団体参拝練成会に参加して、「神の子・人間」の信仰を深めようと考えた。さらに十月から彼女は白鳩会の総連合会長をつとめることになるので、この際団参でみそぎをし、浄化した心で役をお受けしたい。又奥津城に参拝して大聖師御夫妻*に感謝の祈りを捧げたいと思い、ご主人とお母さんに相談した。すると二人とも神様第一に考えておられる方々だったので、快《こころよ》く賛成して下さった。

　そこで、寿子さんは病院の医師に、父の手術を一週間延期してもらい、平成七年に総本山練成会に参加した。そして心から父の実相の完全円満を祈り続けたのである。

練成会から帰ると、今度はお医者さんの都合で、さらに一週間手術が延びることになった。するとこの間に、父（忠男さん）は院内感染症にかかった。これは病院内にいる間に、院内の細菌かウィルスに感染して起る病気である。

全く不幸な出来事で、病気を治すための病院が、かえって発病させる菌やウィルスを感染させるのだから、患者にとっては困った話である。この現実は、やはり現代医学や科学も、まだ完全ではなく、全てを医師に一任してツベコベ言うなと主張する訳《わけ》には行かない所であろう。この場合も凡《あら》ゆる感染がありうるが、ことに黄色ブドウ球菌の中で、抗生物質で攻撃されたために強い耐性を示すようになった菌（マーサ）の感染が増えている。これが患者から院内の医師や看護婦等の手やツバや空中の塵埃《ちり》を経て院内に広がると、往々にしていのち取りになることがある。（これも亦《また》抗生物質の乱用をいましめる現象の一つと言えるであろう）

自然治癒力

忠男さんの場合は、どのような種類の感染症かは分からないが、高齢であるし、手術後の衰弱した状態でもあった。しかし全て現象界の不幸な出来事は、その本人又は直結した家族の信仰がどのようなものであるかによって、その結果が変わって来る。

もしそれらを全て無視することが「科学的」と考える人がいるとすると、それこそ非科学者だと言わなければならないであろう。そのようなわけで、忠男さんは感染症が治るまで、手術が出来ない状態で、さらに延期された。

しかも皮膚の移植は、若い人でも成功しない場合がある。忠男さんの足は二本の指をえぐり取ったようになり、その先に肉が再生することは大変難しい。ところが手術が出来なかった期間に、その患部に肉が自然に盛り上がって来た。そして遂《つい》に皮膚の移植手術をする必要がない、そのままで治癒するという状態になって来たのは、自然治癒力の極めて大きな働きが起ったという外はない。そしてこの現象は忠男さんの奥さんの信仰や、寿子さん夫妻の信仰と、その深い祈りと、布教活動への純粋な努力などと、決して無縁ではないと言わなければならないのである。

従ってこの時の院内感染も、表面的にはたしかに不幸な出来事であったが、手術の延期という現実を経過し、かえって自然治癒の発現を呼び出す〝期間〟が与えられたということも言えるだろう。

それまでの忠男さんは、生長の家には批判的だった。奥さんや寿子さん夫妻が生長の家の会の勉強に「行って来ます」と言うと、

「そんなに何回も勉強せんと分からんのか。わしら一回きいたら、すぐ分かるが……」

などと皮肉っておられた。だがこの手術と〝長期入院〟のおかげで、

「生長の家はすばらしい」

という考えに変わったのである。そのため総本山で秋季大祭*が行われる時には、

「わしの代りに、総本山にお礼参りに行って来てくれ」

と言い、寿子さんに旅費の足しにといって十万円を下さった。そこで寿子さんは御主人と二人で、喜んでお礼参りに行《た》き、父の名前で「普及誌の百部一括」を申し込んだ。こうして現在忠男さんは奥さんと共に毎日元気にすごし、歩けるようになっておられるということである。

人生勉強が続く

勿論《もちろん》科学的な医術の発達も大切で、そこには神の愛と知恵（法則）が現成《げんじょう》して来なければならないが、現実の現象界ではそれがまだ充分ではない。そこで〝影〟の部分が残り、知恵や愛が晦《くら》まされるのである。それが院内感染の現状であったり、薬物投与のミスであったり、副作用や誤診であったりする。事実このような現象の一つとして抗癌剤やインターフェロンの投与の副作用で苦しむ人も沢山《たくさん》いて、かえってそのような薬を受けずに、安全な自然治癒にたよるか、もしくは「死ぬ時は、素直に死ぬ

がよろしく候」といった気持で、「次の人生がある、いのちは不死だ」と信じて、人生の晩年を安らかに送る人々が出てきても一向に差し支えがないのである。事実世界中のホスピスでも、入院しながらそのような道を取ることを許している所もある状況である。

しかし一時〝災厄〟や〝不幸な出来事〟が起って来るようでも、それはどこまでも現象上の仮り存在であり、実相の話ではないから、必ず自覚の向上によって、よりすぐれた心境に達して困難を克服することができるものである。

例えば京都府宇治市南陵《なんりよう》町に住んでおられる金子雅子さん（昭和十九年九月生まれ）は、二十六歳で結婚し、男の子三人を生んだ。ところが長男の寛《ひろし》さんは身体が弱く、幼いころから医者通いが多く、父母の心配の種子《たね》であった。しかも中学三年生になったころから反抗しはじめた。度々《たびたび》学校にも呼びだされる。雅子さんは保育の勉強をし、塾の仕事をしていたので、「私の子育てに間違いはない」と自信を持っていたのである。

そこでどうしても息子の反抗がゆるせない。幸い雅子さんのお母さんが生長の家の信仰を持っておられたので、雅子さんも練成会に行って話を聞いたりしはじめた。ところが十月からは、登校拒否をやりだし、朝と夜とが逆転した生活を始めた。雅子さ

んは「母親教室」にも通った。するとある講師から、「御主人と仲はよろしいか」ときかれ、

「ハイ、夫と喧嘩したことがありません」

と答えた。しかしそれは形だけのことで、心の中では反発し合い、夫を責《せ》めていたが、先ず真理を学ばなければならないと感じ、先祖供養をし、水子供養をした。するとある日、二階から下りて来た寛さんが、
自分に気付いたのだ。まさに子供の反抗は、母親の心の投影だった。そこで彼女自身が、先ず真理を学ばなければならないと感じ、先祖供養をし、水子供養をした。するとある日、二階から下りて来た寛さんが、

「今からでも間に合う高校はあるかなあ」

ときくのだ。「学校に電話したら?」と答えると、彼はその通りにした。こうしてやっと適当な高校に入学できたのである。しかしさらにまた酒、タバコ、バイク等を遍歴したが、雅子さんは毎日握手して彼を学校に送りだし、塾もやめて、母親教室を開いた。その間寛さんはアルバイトをしてお金をため、大型のオートバイを買った。そして二週間後に、事故を起した。並走していた四輪車が左折したとき、その車に跳《は》ね飛ばされた。地面に叩きつけられ、倒れた彼の上にその四輪車が乗り上げたのだ。救急病院からの知らせで雅子さんが駆けつけた時、医師から「お母さん、かくごして下さい」と言われた。雅子さんは意識不明のわが子の前で、『甘露の法雨』を一心に

あげ続けたのであった。

こうしてやっと命は助かったが、腰の骨が折れ、下半身が麻痺《まひ》した。これは現代医学ではどうにもならないという結論だった。しかし雅子さんは息子の命が助かったことが嬉しかった。そしてどんな姿であろうとも、彼の実相は「神の子」で、完全であることを、心から信ずることができ、神に感謝する日々を送ったのである。

雅子さんはその後も信仰を伝える「悦びの生活」を送った。病院に見舞いに行くと、「お母さんは、えらく嬉しそうだね」と息子は言う。一方彼はその間、病院の屋上から跳《と》び降《お》りて、死にたいと思ったそうだが、やがてその痛みと苦悩を克服し、「この苦しみを乗り越えることによって、次に生れ変って来る俺は、絶対よい思いをするに違いない。だからここを乗り越えるんや」と言うようになった。

それから約七年を経て、平成七年から、寛さんは自分で車を（手動で）運転するようになり、パソコンを学び、現在（平成九年）は二十四歳になるが、大検とコンピューターの資格を取る勉強の真最中だということであった。

人々はだれでもこのようにして、医学や科学だけではどうにもならない世界があることを学びつつ、さらに人生勉強を続け、遂に不死・不滅の世界のあることを悟るような道を歩むものである。

*『病が消える』＝癌を始め難病・奇病が、感謝の心を起こした時癒された実例をもとに、病いが消える原理を易しく詳解した書。谷口清超著。（日本教文社刊）

*大聖師御夫妻＝生長の家創始者、谷口雅春先生と谷口輝子先生のこと。

*秋季大祭＝毎年、十一月二十一〜二十二日、生長の家総本山で執り行われる大祭のこと。

四　救いのみ手とは

イエスキリストも
ただ言葉にて『汝の罪赦されたり』と云いてよく
　罪を消滅したまえり。
われも言葉にて
『生長の家の歌』を書かしめ、
言葉の力にて罪の本質を暴露して、
罪をして本来の無に帰せしむ。
わが言葉を読むものは
実在の実相を知るが故に
一切の罪消滅す。
わが言葉を読むものは
生命の実相を知るが故に
一切の病消滅し、
死を越えて永遠に生きん。

―聖経『甘露の法雨』「罪」の項より―

その奥にあるもの

見えない所にも

吾々の住む現実世界は、〝物質世界〟であるから、目に見える物が大部分だが、中には「見えない物」もある。それは例えば吾々の肉体の中にある内臓とか、下着とかだが、これも解剖《かいぼう》したら見えるし、下着でも家の人には見えることが多い。しかし心となると全く見えないし、人々の愛も智慧《ちえ》も見えないし、測定もできない。けれども誰でもアルということには疑いを持たないのである。さらに人格とか、風格とか、魂となると、もっと測定や把握《はあく》が難しい。

けれども、この「見えないもの」が実は大切なのであって、人前に見える所だけを飾りたて、そんな部分だけを大切にして、そこに金銭を投入するだけでは、人間としての価値はない、単なる〝物質の塊《かたまり》〟と化《か》しさるだけであろう。かつて平成六年の十月十九日の『産経新聞』の夕刊に、遠藤周作さんが、「花時計」と題して、こんな記事を書いておられたことがある――

『男の半分はトイレに行っても、手を洗わぬという。

小泉信三先生も、そのためお嬢さまに叱られたと、何かで読んだ。

デパートの便所などで見ていると、十人のうち半分は手も洗わずに外に出ていく。

私はそれを見て、時々、飲食店などで働く男性は大丈夫かなァ、と不安に思う。特に寿司屋で、そう考えるのだ。

眼の前で寿司を握っている男――それが手洗いで手も洗わぬ人だったら、と考えただけで、いかにマグロがうまそうでも、途端に食欲がなくなるものである。

池波正太郎さんも書いておられたが、はじめての店では、寿司を握る男の髪の長さに注意するという。

たとえば長髪で、くわえ煙草の男ならば、池波さんは「用を思いだした」と言って、そのまま店を出るという。

この随筆をよんでから、私はあまり寿司屋に行かなくなった。行きつけの店以外はやめることにした。

やはり、そういう衛生的な意味では、わが家で食事をすることにしくはない

（後略）』

なるほど、そう言えば板前さんの生活の「見えない部分」も、お客の食欲や延《ひ》いては店の繁昌にも影響を与えるものであることが明瞭である。その点、近頃住宅にも増えてきた水洗トイレの普及は大変結構だと思うが、さらに〝尻洗い〟までついたのが好ましい。私も色々と使ってみたが、中々気持のよいもので、別に痔疾《じしつ》や月経でなくても、清潔でサッパリとして、すこぶる快適である。

「そんなものは、贅沢《ぜいたく》だ」

と言われるかも知れないが、そんなことはない。昔使ったことのある〝移動式〟のシャワレットなるものは、どの便所にでも持ちこんで使えたし、備え付けのものでも今は四万円以下で売り出している。さらに昔は、手桶を便所に入れて、掌に水をくみ尻にかけたものだ。これには多少練習がいるが、禅宗のお寺では、古来《こらい》修行の一部として行ったものである。

「正法眼蔵」に曰く

更にもっと詳しく言うと、道元禅師の著書である『正法眼蔵』を私が現代文に訳述

した『正法眼蔵を読む』*（下巻）の「洗面の巻」には、こう書かれている。原文も載《の》っているが、ここには訳文だけを紹介する。（二〇七頁）

『（前略）「法華経」の安楽行品第二の偈にはこう記されている。

「身体に油を塗り、塵《ちり》や穢《よごれ》を洗い流し、新しい浄衣を着る時、身心がともに浄化される」と。

これは釈尊がまさに法を説かれた会場で、四つの安楽行、即ち身《しん》・口《く》・意《い》・願の安楽行を行ずる人々のために説法された御言葉である。この教えは、他の説法の会の教えと同一ではなく、従って他の経の説き方とも多少異っている。しかしながら、身心を洗い清め、香油を塗り、塵埃《じんあい》を除くのは、仏法の第一の努めである。新しく清浄な衣を着けることも、一つの浄法である。塵穢《じんえ》を洗い流し、身体に香油をぬると、身心ともに浄化されるであろう。そうなると、自分の住む環境もまた浄化される。

ところが仏法をきかず、仏道に参入しない愚《おろ》か者は、時としてこんなことを言う。

「身体を洗い流したのでは、わずかに皮膚の表面をきれいにするだけで、体内には五臓六腑《ぶ》がある。これを浄めるには一々はらわたを洗わなければならないが、そんなことは出来るものではない。それ故いくら身体の表面だけきれいに洗っても仕様がないではないか」と。

このようなことを言う愚か者は、いまだ仏法の何たるかを知らないのであり、聞いていない者である。いまだ正法の師にもあわず、仏祖の児孫にもあっていない人々である。』

即ち「肉体は心の影」であるから、肉体を清浄化することによって、〝心を浄める〟ことも決して不合理なことではなく、香油すらも用いられたのだ。さらに「洗浄の巻」に至ると、尻を洗う作法が出てくるが、先ず便所（後架《こうか》・東司《とうす》ともいう）に入る詳しい作法から始まり、湯か水を入れた手桶を下げて厠《かわや》に入るのだ。（二九八―三〇〇頁）

用便後の心得

『用便をすませたら当然廁籌（くそかきべら）を使う。又紙でふいてもよろしい。しかし古い紙や字を書いた紙を用いてはならない。籌《へら》は、未使用のものと使用ずみのものとを区別しておけ。籌は長さ八寸につくってあり三角形で太さは拇指《ぼし》くらいだ。漆塗りのものもあるし、漆をぬらぬのもある。使用ずみの籌は、籌箱に投げ入れる。未使用のものは籌架《へらかけ》にかけてある。籌架は槽の前方に置いてある。

へらか紙を使った後は尻を洗い浄めるのである。その方法は右手に浄桶を持ち、左手をよく濡《ぬ》らしてから、左手をすくう形にして水を受け、まず小便をした部処を三回洗浄する。次に大便をした部処を三回洗う。この部分の洗浄はきまり通りにし、いつも清浄にして置かなければならない。その時荒っぽく桶を傾け、水を掌の外にこぼしたり、あふれ散らして、水を早く失ってしまわないようにする。

こうして洗浄し終ったならば、浄桶を定位置に置いて、次に籌の方をよく拭《ふ》き乾かす。あるいは紙を使ってよく拭きとる。大小便をした部処もよくよく拭きかわかす。（水分を取り去るのだ）次に右手で袴《はかま》の口と衣の先とを整えて、右手に浄桶を提げて厠を出る。その時出口で蒲鞋を脱ぎ、自分の草履とはきかえる。次に浄架（手洗い所）に帰り、浄桶をもとの位置にもどす。』

この方法は、昔の日本式便器の方がやり易《やす》いが、腰掛式でもできる。その場合は柔かいプラスチック素材の小瓶（例えばソース瓶）のようなもので湯か水を直接尻にかけるのが簡便である。この場合も手を使うから、次には〝手を洗う〟注意が書いてある。

『さて次には手を洗う。まず右手に灰匙《かいし》（灰すくい）をとって、灰をすくい瓦石《がしやく》の表面に置く。右手をもって水を滴《したた》らせ、用便に使った手を洗う。瓦石にその手をあてて、研《と》ぐようにして洗う。丁度錆《さび》の出た刀を砥石《といし》に当てて研ぐようにして洗うのである。このようにして三度灰をつけて手を洗う。次に土をつけて、水をつけ同じように三回洗う。次に右手で皂莢《さいかち》の実の粉を取って、小桶の水でひたして、両手を合わせもむようにして洗う。腕にいたるまでも、よく洗う。真心をこめて丁寧に洗うのである。つまり灰で三度、土で三度、皂莢で一度洗う。合計七回洗うのが原則である。次に大桶で洗う。このときは面薬（顔にぬる薬）や土灰は使わず、ただ水か湯で洗う。一回洗ったならば、その水を小桶に移して、もう一度新しい水を入れて両手を洗うのである。

「華厳経」にはこのように書かれている。「水をもって掌《て》をあらわば、まさに衆生のために願うべし。清く妙《たえ》なる手を得て、仏法を受持せんと」（後略）』

このように真理を受け、それを人々に伝えるものは、手を浄めるが、又全身を清浄に保つのが良いのであって、〝尻だけは例外〟ということはない。勿論《もちろん》、どこか往来の壁に小便をして、そのまま歩き去るというような不届きな行為をして、その手で物を作ったりしては、心のこもった〝作品〟が出来るわけがないのだ。言うまでもなく、人間の本心は「金儲けの心」ではなく「仏心」であり「愛行心」である。するとその「本心」によって、知らず知らずのうちに幸運が迎えられ、その愛他行が自分自身にも打ち返されて、危難からまぬかれるということも起こるのだ。人間の幸運や救いは、とにかく善業《ぜんごう》が現れでるところの果実であるから、人が見ていないからといって好《い》い加減《かげん》な行為をしてはならないのである。

死を境として

群馬県高崎市石原町に住む石川博《ひろし》さん（昭和二十年一月生まれ）は平成元年に両親を亡くして大いに悲しんだ。まだその頃は生長の家を知らなかったが、仕事始めの一月六日のことだ。夫婦がそろって帰宅すると、家には電灯もつかず、テレビの光だけが洩《も》れていた。奥さんは、

「どうしたのかしら……」

と心配そうだ。博さんは答えた。

「どうせ電気をつけ忘れて、テレビに夢中になっているんだろう」

しかし奥さんはすぐ部屋に飛び込んでいった。やがて悲鳴が聞こえた。急いで博さんが入ってみると、父はナイフを右手に持ち、テレビの前の座椅子《ざいす》に寄り掛るようにして鼾《いびき》をかき、床にはリンゴが転がり、ストーブの火は消えていた。博さんはハッとした。二、三日前に父から、

「ストーブが点《つ》かなくなったよ、修理してくれ」

と言われていたのを思いだしたからだ。それをつい忘れていた。部屋の中はひんやりしていた。夫婦で一心不乱に看病したが、一週間後に父は帰らぬ人となってしまった。博さんは病院で看病しながら、あの時、すぐストーブを修理しておけば、こんなことにならなかったのに……と思って、激しく自分自身を責《せ》めたてた。

それから平成元年七月には、母が癌で亡くなった。まるで父のあとを追うようであった。人間のいのちはどうしてこんなに果敢《はか》ないものかと、彼は自己を責め、奥さんは両親の遺品を見て、泣いてばかりいた。その姿を見かねて、平成二年十月に姉さんが『生命の實相』という本を持って訪ねてくれた。そして姉さんにさそわれるまま、十一月の群馬教区の講習会に参加した。博さん夫婦と娘さんの雅子さんとの三人で行った。それまでに博さんは毎朝四時起きをして『甘露の法雨』を読むようになり、雅子さんも聖経をすこしだけ読んでいたが、そんなことから講習会に行ったのである。

博さんたちは会場で姉さんを見つけることが出来ず、一番後ろの方で講話を聞いていた。すると人間は肉体ではなく、生き通しのいのちであり、仏であり、神の子だと言う。その話を博さんは身を乗りだして聞いた。そうか、両親は生き通しのいのちだったのか！　と心から感謝した。こうして石川さん夫婦は、悲しみのドン底から立ちあがって、明るく家業の建設業にいそしむようになった。博さんは会場で娘の雅子さんは？　と思って隣《となり》を見ると、どうやら居眠りをしているようだ。しかし休憩時間になると、雅子さんが一番沢山《たくさん》生長の家の本を買ったのには驚いた。

博さんは大いに感動し、この道しかない、この道を進もうと決意したのである。しかしこの道とか、生き通しのいのちなどというものは、目に見えるものでもなく、測定できるものでもない。だがその見えないものこそ、最も大切な実在であることを悟らなければならないのである。

博さんはその後もさらに精進《しょうじん》を続け、平成三年一月の神性開発群馬練成会にも参加した。そして最終日には〝受講者代表〟として講師にお礼を言う役を与えられた。その時、彼の目の前にニコニコと微笑する両親の姿が現れた（と感じた）ので、絶句して涙が流れ落ち、赦《ゆる》された！　と感じたのだ。そしてこの練成会は両親の魂が導いて下さったのだと思った。以来彼はさらに精進を重ね、一人でも多くの人をこの大道に誘いたいと思い、四月には石原相愛会を発足し、相愛会長となって活動した。さらに平成三年度の講習会には二十一名の参加者を推進したのである。

そのような父の姿に感化され、雅子さんも次第に本気で生長の家をやりはじめ、教化部の早朝行事にも練成会にも参加した。そして友人のミユキさんという女性が結婚前に妊娠したことを相談され、彼女はミユキさんが堕胎《だたい》することなく出産するように説得することができたのであった。この部分は平成六年四月号の『理想世界』誌*に書いてあるから、ここでは省略するが、当時相手の青年は学生だった。そこで彼の両親は二人の結婚に反対したが、やがて男子が誕生し、両親も結婚をゆるしてくれ、今は明るく楽しい新生活を送っているということであった。

救いの手がある

ところで石川雅子さんは、この体験談を平成五年十一月十日の講習会で発表されたが、その直前の十月三日のことだ。それまでにミユキさんのお腹《なか》の子を救う愛行をした雅子さんは、以前から約束していた別の友達と、ディズニーランドに遊びに行った。その帰りに大雨が降り出し、高速道路を走っていて大事故に遭《あ》った。その時の運転者は雅子さんではなく、友人だったが、車のタイヤがくぼみに入ったか辷《すべ》ったかして、中央の分離帯に激突してボンネットがフッ飛び、車は道路上を三回転して、進行方向の逆を向いて停まったのだ。

そこへ大型トラックが後部から突っ込んで来たので、後部座席はメチャメチャにつぶれてしまった。五、六メートル先でやっと止まったトラックから運転手がとび出して、座席から雅子さんと友達を引きずりだしてくれた。ところが雅子さんとその友達はピンと立ちあがって、どこも怪我《けが》しておらず、運転席と助手席だけはつぶれなかったが、あとは鉄の塊《かたまり》になってしまったのである。

間もなくやって来たパトカーが、二人を乗せて行ってくれたが、「先程雨で同じような事故があって、二人は即死だったよ、あなた方は奇跡だ」と教えてくれたそうである。

雅子さんはこの話をして、泣いておられたが、それは彼女の善業のたまものであり、幼いいのちを救ったりしたことの結果であると言えるだろう。

又、彼女がこうして信仰するようになったのは、父母の熱心な信仰と菩薩行《ぼさつぎょう》の賜物《たまもの》であるということができる。

このような善業や菩薩行や愛念は、目に見える何ものかではない。そして救いのみ手や幸運と呼ばれるものも、物質ではなく、何の波動でもないから、物質的測定の範囲を超えている。

さらに又、「いき通しのいのち」なるものも、目撃されず、測定もされないところの実在だ。

しかしこのような「見えざるもの」や「見えざる実相」のすばらしさが、アルことが分かるところに、本当の人間の価値があり、〝万物の霊長〟の特性があり、神性《しんせい》・仏性《ぶつしょう》の主人公「真の人間」であることの素晴らしさが光り輝いているのである。

*『正法眼蔵を読む』＝生長の家総裁谷口清超著。道元禅師の著書『正法眼蔵』を平明な現代語に訳し、解説を加えた書。上、中、下、新草・拾遺の四巻がある。（日本教文社刊）
*『理想世界』誌＝生長の家の青年向け月刊誌。

善行のたのしさ

天国と地獄

東京の街には、かなり長い間「歩行者天国」略してホコテンという場所が設けられていた。日曜日の晴れた日には、午後の何時間かは、道路の一部が通行止めになって、歩行者と自転車のみが通れるという規制が行われ、そこをホコテンと称したのである。私が住居から本部会館*へ通う道も、表参道を横切ってゆくと、その表参道が歩行者天国になっていたので、不便だった。ところがこの規制が平成十年七月の五日から解除になったというので、地許《じもと》の人たちは喜んでいるのである。

というのは、ホコテン愛好者がゴミや空カンを捨てて行くので、道路をよごすし、歌や音楽などを拡声器で流すので、とてもやかましい。その上一番困るのは、約一キロの道路が通行止めになるため、そこを通るべき自動車が他の道路にひしめき合って、渋滞がこれ以上出るのは我慢できないという点である。

生活上の不都合をもたらす「天国」とはこれ如何《いか》に、という理由からである。

そもそも道路上にゴミやカンカラを投げ捨てて行く人たちは、地許の人たちではない。外来者が「あとは誰かが何とかしてくれる」と思って、そこらあたりへ投げ捨てて行くのだ。地許の人達はせっせと掃除をしていたが、これも充分ではないし、外来者の徳性は一向に向上しない。その上、他の道路に〝渋滞〟を引きおこすような「天国」は、本当の天国ではありえない。つまりその「天国」があるために、それ以外の地域や都の交通がマヒするというような「天国」は、ニセモノである。そしてニセモノは当然いつかは消えさるべき運命にあるという外《ほか》はない。一部の若者たちにだけ奉仕するのが「公共の道路」ではありえないからである。

そのような訳で、地球上でも人類がふえるのはよいが、その人類が他の動植物を排除して、動植物を殺したり枯らしたり、勝手気侭《きまま》な伐採《ばっさい》をしたりしていると、人間の住む社会にもやがてその行為の因果がハネ返ってきて、人間生活がおびやかされ、〝少子化現象〟がおしよせ、人類の繁殖は次第に衰退《すいたい》し、文明の発展は崩《くず》れ去るのである。

これは明白な「原因・結果の法則」によるものだから、どんな流行や自己弁護も及ばないし、色々の理屈をつけてさらに「ニセモノ天国」を押し広げていっても、やがてその後ではバブルの崩壊《ほうかい》時のように、より一層ひどい破壊状態が現れて、その処理に頭をなやます結果になるだけのものである。

諸悪莫作《しょあくまくさ》

一方善《よ》いことをする人々は、まだ各地には沢山《たくさん》おられるので、いつかは必ずその善行は善果となって現れてくる。この現世では出てこなくても、あの世（次生《じしょう》）に行ってから出てきたり、さらにあの世の次の世（後生《ごしょう》）で現れてきたりするのは、前述した通りである。ところで平成十年七月一日号の『聖使命新聞』＊に、蒲地勝《かまちまさる》さんという長崎県諫早《いさはや》市山川町（昭和十八年十二月生まれ）の人の記事がのっていた。

『去る四月二十二日付『西日本新聞』（長崎版）に「お巡《まわ》りさん2人　ハチの巣『捕獲』」というタイトルの、ほのぼのとした記事が写真入りで掲載され、話題を呼んだ。

その警察官の一人が、長崎県諫早市在住の地方講師で、警部補の蒲地勝さん（五四）。

蒲地さんは「住民の安全を守るのが私の仕事。当たり前のことをしただけです」

と謙虚に語る。

長崎市の浦上《うらかみ》署平和公園交番に勤務する蒲地さんは、去る四月十八日午後、管轄区域の住民から「ハチの巣があるので何とかしてほしい」という通報を受けた。

現場に急行すると、ハチの巣は道路沿いの梅の木にあった。直径約二十チセンの巣にはミツバチがぶら下がって黒い固まりになり、さらに周囲を飛び回るハチもいた。

「放っておいたら危険。ハチが寝静まってから捕獲しよう」と、同日午後九時半ごろ、蒲地さんは部下と一緒に再び現場に出動。

ビニール袋でハチの巣をすっぽり覆《おお》い、梅の木から切り離した。その間、わずか五分。

その後、蒲地さんは捕獲したハチの巣を持ち帰り、穴をあけた段ボール箱に移し替え、所有する菜園に置いた。

「市役所にハチの巣の処理を頼めば、ハチは殺虫剤で殺されるかも。ハチも生き物ですから、殺さずに自然の中に戻してあげたい、と思ったのです」

生長の家の熱心な信徒だった母の影響で教えに触れた蒲地さんは、現在、長崎南部教区の地方講師会長、御館山《みたちやま》相愛会長として光明化運動に尽力している。

蒲地さんは「住民との日ごろの触れ合いを大切にするとともに、これからも多くの人に生長の家の教えを伝えていきたい」と語っている。』

こうして蒲地さんは警察官として住民の安全を守るという善行を果したが、さらにハチにも思いを寄せて、捕獲したハチたちを自然界に返してあげるように取りはからったというのがすばらしい。ハチは人間が害を与えたり、おどろかしたりしない限り、人間を襲ってくるものではない。自然界の動物たちは皆そのような共生の心を持っていて、ハブのような毒蛇でも、人がゆっくり近づくと逃げてゆくのである。

そもそも宗教の本質は「諸悪莫作《しょあくまくさ》」（悪いことをするな）と「衆善奉行《しゅぜんぶぎょう》」（善いことをせよ）という根本原則（即《すなわ》ち仏心《ぶっしん》）に尽きると言われているが、これが人間の本心であり、それが仏心であるから、人間は神の子・仏子であるということになる。ところが中には「悪人正機《しょうき》説」といって、親鸞聖人《しんらんしょうにん》の教えがそうだという説が、主として『歎異抄《たんにしょう》』によって強調されてきた。いかにも親鸞聖人は自分自身を「愚禿《ぐとく》親鸞」と呼び、自ら肉食《にくじき》をし、妻帯《さいたい》の生活を送ったお方であった。しかし「悪をなせ」と教えられたのではなかったのである。聖人の記された和讃《わさん》の中には、善をなそうとしても、どうしても悪に傾いてしまう愚《おろ》かな自分であるが、ただ如来《にょらい》さまの他力本願《たりきほんがん》の念仏で救われる、それ以外に道がないのであるという思いが込められていた。つまりそこには自分自身の悪しき心への懺悔《ざんげ》が『教行信証《きょうぎょうしんしょう》』や『愚禿悲歎述懐《ひたんじゅっかい》』において立ちのぼってくるのである。

真なるコトバ・御名《みな》

それ故《ゆえ》谷口雅春《まさはる》大聖師の書かれた『親鸞の本心』にも、この和讃を引用されている所がある。（『新選谷口雅春法話集1』六三頁—六四頁）

『浄土真宗に帰《き》すれども
真實の心《こころ》はありがたし
虚仮《こけ》不實のわが身にて
清浄《しょうじょう》の心《しん》もさらになし

外儀《げぎ》のすがたはひとごとに
賢善精進《けんぜんしょうじん》現ぜしむ
貪瞋邪偽《とんしんじゃぎ》おおきゆえ
奸詐百端《かんさももはし》身《み》にみてり

悪性《あくしょう》さらにやめがたし

こころは蛇蝎《だかつ》のごとくなり
修善も雑毒《ぞうどく》なるゆえに
虚仮《こけ》の行《ぎょう》とぞなづけたる

無慚無愧《むざんむぎ》のこの身にて
まことのこころはなけれども
弥陀《みだ》の廻向《えこう》の御名《みな》なれば
功徳《くどく》は十方にみちたまう』

云々《うんぬん》と、にせものの善行を積んで、「こんなに善い事をしても、報《むく》いられません……」などという心を捨てよ、ただ阿弥陀仏《あみだぶつ》の御名《みな》ばかりの世界に帰入せよと教えておられるのである。それ故『歎異抄《たんにしょう》』の著者・唯円《ゆいえん》坊によって強調された、

『善人なおもて往生《おうじょう》をとぐ、いわんや悪人をや……』

も、人間を善悪の二組に分けて、悪人だけが救われるというような意味ではなく、全ての人々はみな如来さまのいのちのさきはえであるから、善人も悪人もみな救われるということになるであろう。ただ善や悪に引っかかって、その現象をつかんでいる間は、善人ぼこりか悪人ぼこりかで、実相のすばらしさは見えてこないのである。

そもそも「悪いことをした」という自覚は、本当の悪そのものからは生まれてこない。猫が魚屋の魚をとっても、「悪いことをした、私はドロボー猫だ」などとは思わないようなものである。内なる仏心即《すなわ》ち本心があるからこそ、現実の自分を悪い、未熟だ、罪深いなどと思うのである。それ故、

「だから私は、もっと浄化するまで、教えのことは口にすまい」

などというのでは、その悪や罪の姿はいつまでもつきまとって離れないであろう。親鸞聖人も、自分を本当に根本的な罪人と信じておられたら、人々に教えを伝え、念仏をとなえれば救われるなどとはおっしゃらなかったであろう。やはりどこまでも「無礙光《むげこう》」や「無量光」を信じておられたから人々に光を与えられたのであって、それは如何なる悪によってもさえぎられることのない自己内在の「無礙光」の輝きだったのである。

交通違反

ところで前述の蒲地《かまち》勝《まさる》さんは、平成十年六月十七日の総本山での団体参拝練成会で、次のような体験を話しておられた。平成十年の四月の深夜のこと、本来は一人しか乗れない原付バイクに二人乗りをした若い男女がいた。しかも二人ともヘルメット

を冠《かぶ》っていない。そこで警察官の蒲地さんはこのバイクを停めて、交通違反の処理をしたのである。

その後で、二人にこんな話をした。どうしてこんな真夜中にお巡りさんが一所懸命で仕事しているのかという意味を語り、さらに父母に対する感謝の気持についても話したのであった。蒲地さんにもこの男女の年ごろの子供がいたので、

「君たちのお父さんお母さんもさぞ心配しているだろう。僕も、あなたと同じくらいの子供がいて、本当に可愛《かわい》いのだ。何でこんな夜半に歩いているの？　お父さんお母さんは眠らずに待っていらっしゃるよ。心配かけないようにしないといけないね……」

というような内容だった。

「とくにまた夜中には、とかく事件が多いから、早く帰って、お父さんやお母さんを安心させて下さい……」

するとこの男女は、素直に話を聞いていて、

「ありがとうございました」

と深く頭を下げたのであった。本来なら反則切符を切られて、反則金を払わせるシテのお巡りさんだから、こいつのためにやられた……と思うかも知れないが、彼らは本気で頭を下げて、「ありがとうございました」と言ったのだ。これは彼らの中に隠

されていた神性《しんせい》・仏性《ぶっしょう》が、蒲地さんの愛のこもった態度や言葉によって、引き出されてきたと言う外はないであろう。

人は誰でも、その心に従って似たような言葉を使い、類似の行動をするものである。それが「親和の法則」だ。それ故、いつも深切《しんせつ》な言葉でものを言い、人々に温《あたた》かい愛情を示している者は、どんな場合にでも、そのような行動を取り、しかも相手はその言葉や態度に即応した行動を示してくれるものである。だから、日常生活の中で、家庭でも職場でも、つねに神のみ心に叶《かな》うようなコトバや行動を心掛けているならば、知らず知らずのうちに周囲にも同じような人々を生みだし、社会を健全にし、職場にも活力を与えることができるものである。

さらにこの男女二人は、蒲地さんと別れてから、五、六分行った先の、ちょっと広い道路に出た所を、バイクに乗らずに押して歩いてゆき、ふと彼のパトカーを見つけて立ち止った。そしてパトカーに向かって再び頭を下げ、感謝の気持をハッキリ示してくれたということであった。このように、素直に忠告や助言を聞きいれてくれる青少年が、まだ一杯夜の巷《ちまた》にも出歩いていることを思うならば、安易に彼らを見限り、悪者扱いばかりしていては、決して立派な仕事もできないし、社会や家庭を善導することもできないと言えるであろう。

修学旅行生

さらに蒲地さんは交番所にいたところ、岡山県のある中学から来ていた修学旅行生二名とその担任の先生が訪ねてきた。何の用ですかときくと、少年二人がお金を拾ったというのだ。ちょっと離れた場所で拾ったという。そこでその地域所轄の警察署に問い合わせてみると、まだ落し主は届けでてはいなかった。そこで蒲地さんは正規の手続きをして、そのお金を処理したが、落し主が見つからない時は、拾った人に後で報労金の権利が与えられるので、そのことを中学生達に話してあげた。すると、

「お役に立つように使って下さい」

というのだ。多分住所が岡山県で、長崎県との距離があったこともその原因の一つに入っていたのかも知れないが、拾った金額は二万円だったから、少年にとっては大金に属していた。そこで蒲地さんは、

「いいんですか?」

と確認してみたが、やはり使ってくれというのである。そこでこの生徒さんと先生とに、その気持を一筆書いておいて下さいと頼んで、書類に書いてもらい、担任の先生にも確認のサインをしてもらった。この事実は蒲地さんとあと三名の当事者しか知

らないことだった。けれどもこのように小さな善行をして下さる人がいるのだから、それだけですませるのは勿体《もったい》ないという気持になったのだ。

そこで『岡山日日新聞』にこれを知らせたらどうかと思ったので、上司にもその旨《むね》を伝え、蒲地さん本人は生徒たちの属する中学校の校長先生宛に手紙を書き、その少年たちの善行と、その親ごさん達のしつけのよさや、校長の教育のよさなどをほめたり感謝したりしたのである。

その上少年達には『人生読本』(谷口雅春著)を送り、若手の担任の先生には『青年の書』(同)を送り、さらに校長先生には『生命の根元を培《つちか》う新しき教育』という本を贈呈した。このように単に金銭処理をするばかりではなく、小さな善行でも、そのすばらしさを周囲に伝え、さらに信仰を拡大する方向にまで進めていったということは、警察官という公務以上に、生長の家の幹部としての聖使命による「愛行《あいぎょう》」の実践であったと言うことができるであろう。

すると後になって、この担任の先生と生徒からは丁寧《ていねい》な返書がとどいた。

「この度はお礼のお手紙と一緒に、すばらしいご本を頂き、ありがとうございました。僕たちは当然のことをしたまでで、このようなお礼は身に余る光栄です。この本は僕達の宝物です。この本は色々のことが書いてあり、生きて行く上でとても参考になると思います。僕たちはこれからも社会の中で、恥じることのない人間になって行きたいです。最後になりましたが今日は本当にありがとうございました。又どこかで会えることを願っています。それまでお元気で、さようなら

高馬《たかうま》悠一、石原卓《たくみ》」

というような手紙であった。このような愛ふかい行為が、どんなに大きな影響を及ぼしてゆくか、はかり知ることができないのである。さらにこの中学校は赤坂町の赤坂中学校というが、その中学校長の杉藤洋徹《ひろてつ》さんからもお礼の手紙が届いたという話であった。

この実例で見るように、世の中には善行のチャンスはいくらでもある。しかもこのチャンスを生かして真理のコトバを伝え、ひろめるかどうかも、吾々《われわれ》の心次第であり、まさに人生は「心によってどのようにでも作られる」という人生ドラマそのものであるということができるであろう。

＊本部会館＝東京都渋谷区神宮前一―二三―三〇にある生長の家の本部。

＊『聖使命新聞』＝生長の家信徒向けの新聞。月一回、生長の家本部で発行している。

隠れた力を出す

力を掘り出すには

人間は無限力を持っている。これは人間・神の子という実相（実在）に由来している必然的結論であって、もし「そんなことはない」というなら、人間の本質は不完全で非力《ひりき》だということになる。しかし現実の肉体人間が無限力の所有者だとは、誰も思っていないであろう。オリンピックに出場する各国選手にしても、現実に全種目で金メダルを取り、しかも余裕綽々《しゃくしゃく》という人はいないのである。

ところが驚いたことに、全ての人間が「より一層力を出したい」と思っているという事実がある。それは誰でもそう思うのだ。たとい病人で永年絶対安静でいた人でも、その状態から「立ち上りたい」と思うのは、「もっと力を出したい」と思うからである。オリンピック一流選手ならば、世界記録を更新したいと思うだろうし、事実そうして年々彼らの記録は更新されつつある。体力の記録のみならず、知力でも、技術力でも、表現力でも、政治力でも必ず「より以上のもの」を望んでいるし、将来これらが行き詰って、「もう全部昔以上のことはダメ」という時代が来るとは思えないのである。

ところでこのすばらしい内在の無限力が開発されてゆくためには、幾つかの条件がある。それは今吾々の使っている「この肉体」だけが自分であると思わないことだ。というのはもしこの肉体が人間の全てであるなら、寿命（という能力）も限られているし、その身長も体重も限られていて、決して無限力を出すには充分でない。しかし吾々の肉体は、今この時期において吾々が使うところの「道具」であり、それがだめになれば次にもっとすぐれた道具を使って「無限力」を出すということになる。つまりこの「肉体即人間」という肉体人間観を捨てさらなければならないのである。

即ち人間が無限力を出すには、生れ変りをみとめ、その人の活躍舞台も、この地球上という限られた宇宙の一角だけに限定してはならないということだ。人はとかく今の小さな肉体人間や地上の一角の事件にのみ限定して人生を考える。これでは折角《せっかく》の力も出《で》にくいであろう。自分の今の肉体の中で出てくる力というのは、限られている。しかしそれですらまだまだ充分には出ていないということに気付いて、力一杯、希望と意欲と、悦《よろこ》びとをもって「力の掘り出し作業」を続けることが肝要である。

未完成

ところでこの作業は、頭の中だけで「無限力、無限力」と念じたり、書物の上や、学習教室だけでやるのでは充分でなく、どうしても実地訓練ということがないと、思うように出てこないものである。丁度一夜づけの試験勉強をしても、中々実力がつかず、現場にのぞんで失敗するというような例は、数限りなく発見される。『読むクスリ』と題する本の第七巻目に、著者の上前《うえまえ》淳一郎さんがこんな話を書いておられた。〝未完成〟というコラム形式だが、

『松下電器の高尾孝一さんが、二十歳代半ばの若さでアメリカ松下のアトランタ営業所勤務になった。

初めての海外駐在。赴任前に英語の特訓もうけ、よし、頑張るぞ、と機中の人に。日航機をニューヨークで乗り換え、アトランタへ向かう機内で、さあ、今日からは英語暮らし、磨いてきた会話力を発揮してやろうと、金髪のスチュワーデスに声をかけた。

「いま、どのへんを飛んでいますか」

スチュワーデス、しばらく、ぽかん、としていたが、やがて、

「イエス・サー」

とオレンジ・ジュースを持ってきた。

がっくりした高尾さん、肩を落しながら思ったそうだ。

「ああ、おれの英語はミカンセイだ」

高尾さんの名誉のためにつけ加えておくと、それから生きた英語を学ぶこと四年。いまは百五十人のアメリカ人スタッフを意のままに動かしている』

現象的なある時期においての人間は、全て未完成なのであって、何もオレンジ・ジュースを飲んだ人ばかりではない。人間の実相が覆《おお》い包まれているだけで、これを宗教的には「罪人《つみびと》」という。実相の無限力が包まれているから、現象人間は皆罪人である。しかしそれを自分が悪い人間であり、救われ難い者だと思いこむと間違いで、悪人でもなく、又つまらぬ者でもない。見せかけはどんなに不完全であるようでも、その本質は「神の子」であり「仏性《ぶつしよう》」である。それ故、力一杯自己訓練をし、そこに悦びを感じて生々《いきいき》とした人生を送ることによって、将来いくらでも伸びてゆくものだ。

0点の生徒

例えばこんな実例がある。北海道釧路市大楽毛《おたのしけ》南五丁目に住んでいる佐々木志暢《しのぶ》さんは昭和四十七年八月生れであるから、まだ二十八歳にしかならないが、小さいころから大変苦労したのであった。というのは、母が死去されたので父に育てられた。そんなこともあって子供のころからチック症が激しく、小学校に入学してもろくに字を書くことが出来ず、言葉をしゃべることもできなかったのだ。ところがその頃住んでいた家の大家さんが生長の家で、彼に神仏を信じ、人間の無限力を信じなさいと教えてくれたのである。

しかも彼の入学した中学校には伊藤教頭先生がおられて、やはり神の子・人間を教えて下さった。そして夏休みの中学生練成会（生長の家青年会の）に参加した。最初のうち講師の先生方が何をしゃべっているのか分からず、耳を傾けて聞こうともしなかったが、次第に心が開け、自分の本来の値打ちは、肉体の外見よりもずっとすばらしく無限力の持主だということが次第に分かって来たのである。

けれども小学、中学時代の学業成績は全くダメであり、進路指導の三者面談でも、先生が父親に、

「今の本人の力では、高校受験どころか、職業訓練校へ入るのも無理です」

と言いわたした。けれども佐々木君自身はどうしても高校に行きたい。それを父が大いにガンバレと励まして下さった。それまでの彼はテストのあるたびに0点を取っ

ていたのである。しかし父にはげまされ、神の子・無限力の話を聞いた後は、自分なりに三十分から一時間の勉強ができるようになった。

このように内在の力は、自分でそれを認めて、それを訓練によって引きだして行く作業をしなければならず、それも入学試験といった現実の舞台の上で実行することによって力が出てくるものである。勿論《もちろん》彼のような場合、何しろ今まで0点ばかりとって来たのであるから、やり始めたとしてもある一定期間にできる範囲には限界がある。しかし三十分、一時間と勉強しているうちに、二十点とか三十点とか取るように向上した。それに力を得て、自分は神の子、無限力、何でもできる、という自信がつき、やがて高校入試に臨《のぞ》んだところ、見事高校に合格したのである。

これは今までの佐々木君の成績からすると、〝奇蹟的〟といってもよい成果であった。しかしそれは決して人生の最終目標でもなく、頂上に登りつめたのでもない。ごく山の下の裾野《すその》のあたりの見晴しであった。そこからさらに向上し、努力し、能力を展開して行かなければならない中途の一里塚だというべきであろう。

進歩向上する

ところで佐々木君はその後高校での勉強に中々ついて行くことができなかった。それは基礎訓練の不足ということもあったろう。試験勉強はできても、実地訓練というやや長期的レッスンが欠けていたからでもあろう。丁度前例であげた高尾孝一さんが、赴任前の特訓では英語がかなりできると思っていたが、いざアメリカ人のスチュワーデスに話してみると、とんでもない勘違《かんちが》いをされて「オレンジ・ジュース」を運んできて、「ああ、おれの英語は、ミカンセイだった」と知らされたようなものである。

誰でもこんな中途段階の行き詰りや失敗はある。それは天才的な人にもあるし、平凡人にもある。しかしそのことにクヨクヨしないで、さらにその先を進み、実地訓練にはげむことによって、次の頂点にたどりつくのである。佐々木君の場合は、ついに高校の学習にはついて行けない状態となり、一年で中途退学したのであった。

それは子供の時からのチック症で、字を書くことも、言葉をしゃべることも出来なかったというハンディを背負ったからでもあるが、しかし入信して以来、「人間・無限力」を信ずることができ、高校を中退しても決して悲観することなく努力をつづけ、実地の仕事について働いた。それ故彼の能力はドンドン向上した。彼は自分の歩んだ前半の人生勉強から、五つの〝成果〟なるものを語ってくれたが、

一つは、中学三年の最終年度では、自分で進んで手をあげ、意見発表に参加し、その結果〝優良賞〟をとることができたということである。

二つめは、高校を中退したが、受験に合格できたことで大いなる自信と悦びを得たことであった。

三つめは、高校一年の時、夏の陸上の国体地区予選で、百十メーター・ハードルに出場して、四位に入賞し、その後旭川で開かれた全道大会にも出場できたことであった。

四つめには、現在彼は松田食品工業という会社で働いているが、そこで色々の料理を憶えることができて、とても有難かったというのである。

そして五つめに、何よりも一番うれしいことは、字を書くことや、しゃべることが出来るようになり、どんなことでも人に相談できるようになったことが最大のよろこびだというのだ。

実際彼は以上のような体験談を、壇上でスラスラ話してくれ、その間チック症も示さず、神の子・人間の信仰の成果として、現実の今の自分を率直にさらけだして感謝していたのは、実にすばらしい進歩向上だということができる。

人間の本質は神性《しんせい》・仏性《ぶっしょう》で、完全円満なのであるが、それが三次元空間や四次元の時空間に〝現象〟として投影され、吾々の五感によって捉《とら》えられると、必ずどこかが不完全になる。しかしその不完全さは「実在界」にあるのではなく、根本的な欠陥でも何でもない。丁度美人をレントゲン写真で撮った時のように、たとえガイコツ人間がうつっていても、本当の人間は美しいようなものである。

このような欠陥は非実在であり、一時的な現れにすぎない。それをハッキリと確認して、そんなことに引っかからず、そこからさらによりすばらしくなることを勇敢に追求すればよいのだ。ところがそれを「もう自分の欠陥や欠点は治らない」と考えたり、「自分はダメ人間である」と思いこむと、現象は心を表現してくれるから、それ以上の内容が出てこなくなってしまう。佐々木君のような場合、チック症も治らず、それ能力も出てこないという結果に終ったであろうが、それを決して悲観せず、内在力を現わしだすことに勇気と悦びとを示したことが、さらに彼の将来をよりすばらしいものにする原動力となった。

記念ポスター

人間がそのようにして進歩向上し、実力を表わしだすためには、どんな教育よりも「神の子人間・無限力」を知らせることが先ず何よりも大切である。それは単なる表面的な知識ではなく、根本的信仰であるから、体得させなくてはならない。そのためには、青少年や息子娘たちを、どのように「体験」させ、信仰のよろこびを味わってもらい、それを知らせるかということが極めて大切な大人の役目なのである。

島根県平田市三津町《みつちよう》という所に住む福田博志さん（昭和五年十二月生れ）は、昭和三十年の春に結婚した。式をあげるすこし前のこと、福田さんの父種一さんは、博志さんとその妻になる一江さんとに「生長の家の話をききなさい、必ずためになるから」とすすめてくれた。しかし博志さんはそれまで一回も生長の家の話を聞いたことがなかったので、一江さんにこうもらした。

「生長の家の話って、どんな話か分からんが、恐らく堅苦《かたくる》しい話だろうな、いやだな……」

ところが彼らの婚礼がすむのを待って、父親は大きなポスターを書いてくれた。

「今回、長男の結婚記念のために、〝生長の家〟の講師さんを自宅によんで、私宅で講演会を開きます。どなたも遠慮なく来て聞いて下さいませ」

と何枚も書いてくれた。これを二人に手わたして、

「あちこち、目立つところに貼《は》っておきなさい」

という。博志さんは、仕方なく、ポスターを貼りつけて回った。その後も、いやだな、面白くないだろうな、などとつぶやいて、当日を迎えたのである。

やがて講演会の晩が来たので、彼ら二人も緊張しながら、一体どんな話が出るのか

と聞き耳を立てた。すると、堅苦しい話どころか、とてもたのしく、感動する話だった。これが博志さん夫婦の入信のきっかけになったのである。世間には宗教とか信仰というと、堅苦しい、面白くない、疑わしいというような先入観があるが、これは「宗教」という言葉に対する無理解から来る大変な誤解である。あるいは宗教は全て非科学的ではないかと疑ってかかる人々もいるが、しかし本人は必ずしも科学者でもなければ論理的な人でもなく、ただ漠然と現代科学の仮説を信じていたり、唯物論の信奉者であったりすることが多いのである。

これもまことに残念なことで、十把一《じっぱひと》からげの物の考え方は大変な失敗や損失をまねくもとだ。やはり実際にたしかめてみる、自分でよく聞いてみるという努力が必要であり、本でも読んでみる、そしてよいということを行ってみるという「行動」が必要である。そのことを福田さんは父から教えられたのだが、残念ながら肉体人間の寿命は限られていて、彼の父母もやがて亡くなられてしまった。

それ以来福田さんは色々の練成会に参加し、やがて「自分も何とか子供たちや若人《わこうど》に教えを伝えたい」と思うと共に、今は亡き父親の子を思う親心をひしひしと感じ、その場に打ち伏して、しばらく泣いて父の愛に心からお礼を言ったということである。

神の創り給う世界

金貨と銀貨

「神の国」はどこにあるか。どこにもないと言う人と、どこかにあるだろうと言う人とに大別《たいべつ》できるが、「ない」と言う人は、ないという証拠《しょうこ》を出せと言われると、困るに違いない。というのは、「ないという証明」は大変むつかしいからだ。たとえば〝ない〟とは、目に見えないということではない。耳に聞こえないことでもない。この宇宙には観測されない星や天体がいくらでもあることが分かっているからだ。あまり遠いところにある星は、光がまだ地球に届かないから、観測できないのである。愛でも智慧《ちえ》でも、観測や測定ができなくても「ない」とは言えないのである。

「私の父には愛がない」

と言う人も、それはただそう思っているだけのことで、「証明されてはいない」ことを知らなければならない。それほど愛や智慧や命《いのち》や神は捕《と》らえがたく、五感や六感を超えているのだ。ところで平成五年九月十六日の『日本経済新聞』の夕刊には、こんなコラムが載《の》っていた。

『「賢《かしこ》い王様は、いい知らせを持ってきた者に、銀貨を与える。だけど、悪い知らせを持ってきた者には、金貨を与えるんだ」（ミッチェル・スミス著、東江一紀訳「ストーン・シティ」）

日本の経済使節団が経済危機の続いているロシアを訪問した。想像を絶する混乱ぶりに、ロシア自体で何か打開策はないのか、各方面のリーダーに尋ねたが、いずれもお手上げという調子。やっと日程の最終日にモスクワで、同国きっての経済専門家が「経済再建の手段はある」と重い口を開いたという。

「夢のような非現実的な方法と現実的な方法があるが、どちらから聞きたいか」というので、日本側は最初に、非現実的な方からと答える。「それはロシア人が心を入れ替《か》えて勤勉に働くこと」。で、現実的な方は。「全国民が神に祈ることだ」。

このエピソードは冗談めいているが実話だ。日本も危機だと大騒ぎしているが、まだ救いはある。話を披露《ひろう》してくれた企業トップの真意は、もうちょっと日本人は楽観的になろうよ、というもの。

日本列島は悪い情報だらけで、いわば「金貨」が山積みの状態。「銀貨」の価値が急上昇している。(庸)』

神の子と罪の子

現在の日本には良い情報もあるが、とかく悪い情報が沢山《たくさん》とびかっている。しかしこれは〝賢い王様〟によると「金貨」に値《あたい》するということになる。というのは、人生では「もう絶対だめ」ということはないからである。モスクワの人は、ロシア経済再建の〝現実的方法〟は「全国民が神に祈ることだ」と言ったそうだが、全国民がとなると〝非現実的〟となるかも知れないが、それでもいよいよとなると別だ。というのは国家が大戦争に巻き込まれたという時には、吾々もかつての昔やったものだ。

「日本は必ず勝つ」

と祈ったが、敗戦ということで、その祈りは叶《かな》えられなかった。しかしアメリカは勝った。すると神はアメリカに味方して、日本を見捨てたのだろうか。そんな依怙贔屓《えこひい》きをする神など信じない。これは神なんかいないのだ、アメリカの物量《ぶつりょう》に負けたのだと言って、その後日本では唯物論者がバカに増加した。しかしこれは「観測信仰」であり、表面的な現象の観察に頼った人々の過《あやま》ちであり、「神」や「神の国」の本質を見誤《みあやま》った結果なのである。

即ち、神の国には戦争がないのである。神が戦争をさせ給うのではないから、神がどちらかの味方をする訳もない。第一「神の国」はここにあるとか、あそこにあるとかと言うような〝狭い国〟ではなく、「無限の国」であり、「尽十方世界《じんじつぽう》」の実在界（本当にある世界）である。もし限られた世界なら、「神の国」とそうでない「不完全国」とが対立していることになる。ではどうして神はその「不完全国」をそのままに放置したのか。大変な手抜かりではないかということになる。

悪があって、それを神が放置したとしても、神は怠慢《たいまん》であると言わざるを得ないだろう。丁度ごみが道路上に放置されているようなもので、汚くてたまらない。そんな「怠け者の神」などあるはずがない。戦争でも、それが起こってから、どちらかを勝利させ、片方を敗者とするのでは、怠慢であり、徒《いたずら》に戦死者を出し、被害を大きくするばかりだ。だから神が創《つく》った世界は「戦争のない世界」なのである。これが実相であり、実在界であり、本当の「神の国」なのである。

しかもこの「神の国」だけがあるのだから、不完全なこの地上世界はない。ないのにあるように見えているのは、吾々の五官でとらえる〝現象〟を見ているからに外《ほか》ならず、それは「仮相」なのである。つまり「神の国」は無限次元の世界だが、地上世界は三次元世界だから、この世にはどうしても不完全が現れる。これを「迷い」と言ったり、「罪」と言う。「本物が包まれている」「一部が隠されている」ということだ。そこで人々は、自己を「神の子」と自覚せず、肉体と思い、不完全な罪人と思うのである。しかしこれでは本当に幸福にはならず、自由でもありえず、争ったり、奪ったり、騙《だま》したり、嘘をついたりして、「気の毒な人間社会」を作り出すのである。

しかし釈尊は「人は皆仏である」と教えられ、キリストは「汝等の父なる神に祈れ」と教えられた。それは「人は至上者《しじょうしゃ》の子だ」という福音であり、これを信ずると、この世という現象界を「神の国」により近づけて表現することができる。それはこの世が画家の使うカンヴァスのようなもので、心の思い（祈り）によって創られる「創作劇」のようなものだからである。

愛妻弁当

平成五年の九月、私が長崎市に行って講習会をしたとき、松田道子さん（昭和三十三年二月生まれ）という方がこんな体験談を話して下さった。住所は西彼杵《にしそのぎ》郡長与《ながよ》町三根郷《みねさと》五三であったが、昭和六十一年の十二月に近所の人から勧められて生長の家を知ったということだ。結婚当時、彼女は朝起きがとても苦手だった。夫の浩さんは当時

長崎大学の工学部助教授だったが、以前から研究熱心な人で、朝早くから玄関に出て、

「もうバスが出るよ」

と言って待っている。しかしまだ道子さんは夫に渡す弁当ができていないので、

「ちょっと待って」

と言い、それから大急ぎで〝愛妻弁当〟を持って玄関へ出てくる。すると夫は、

「もう遅いでしょう。間に合わないといったでしょう」

と、ご機嫌斜《なな》めである。どっちも時間ぎりぎりまで眠っているのに、どうして私だけが責められるのかと思い、道子さんは大いに不満なのだ。思わず手渡した弁当を夫の手からもぎ取って、玄関の床にたたきつけた。勿論その後片づけは自分でしなければならないから、間尺《ましやく》に合わない。でもカッとしてそうなるのだ。それでも夫は怒りもせず、

「もうこんなことはするなよ」

と言って、間に合いそうもないバスに向かって走っていく。こんな行き違いがいくらでも起こった。妻は「夫のために」と思っても、その思いが相手に伝わらない。夫からも妻に伝わらないイライラがある。そのため、時間が経つにつれて、お互いに小言が増えてきた。夫の帰りがいつも遅いのも、彼女の気に入らない。

「夜遅くまで仕事ばかりして、家のことは何にもしてくれない。子どもと遊ぶこともない。どこにも行けない、つまらない……」

と思いはじめる。そんな不平不満がどんどん膨《ふく》れてきた。しかし夫とは仲よくしたい、最高の妻であり、母親でありたいと思うのだ。しかし自分のカッとする心を、うまくカットすることが難しい。そんな頃、彼女は生長の家にふれたのである。

「人は皆神《みな》の子ですばらしい。人はこの現象界を心で思う通りに作っていく。自分の心が環境に現れてくる。だから心で完全円満な世界を描き観《み》るだけでいいのだ」

と知らされた。ことに言葉が心を顕《あら》わすから、よい言葉を使うことが大切だと勧められた。言葉が即ち〝祈り〟であるとも教えられたのである。

讃嘆の言葉

そこで道子さんは「讃嘆日記」を書くことにした。これは良い言葉や人や自分への讃嘆の言葉を日記帳に書くのであって、どんな帳面に書いても良い。それを毎日やり始めた。先ず両親への感謝、わが子の良い点、夫の良いところなど十箇条書いて感謝した。すると次第に夫に対する不平不満も変わってきた。たとえば今まで、夫は毎日帰りが遅いと不満に思っていたが、

「夫がゆっくり帰ってくれるから、外で子どもといつまでも遊んでやれる」

「夫はご飯も食べずに、よく働いて下さる」

「夫は言葉には出さないけれど、いつも家族の幸せを思って、私たちを愛していて下さる」

と、本当に思えるようになってきた。するとその頃浩さんは留学したいという願いを持っておられたが、道子さんはなにか夫のお役に立ちたいと思い、

「言葉や思いは〝祈り〟だから、実現する」

と教えられたので、その留学の祈りを讃嘆日記に一年間書き続けたのだ。

「一番良い時期に、周囲の方からも喜ばれて、留学させていただき、有り難うございます」

するとの「行きたい」と言っていた年には行けなかったが、次の年の一番良い時期に、西ドイツに留学することになった。しかも家族同伴《どうはん》でということで、当時は丁度ベルリンの壁が崩壊して、一年後にドイツは統一したのだった。さらに道子さんは第二子を妊娠中だったので、赤ちゃんは私たち夫婦を選んで生まれてくると知らされ、早速聖使命会員に入会した。そして、

「神の子・赤ちゃん、あなたは私たちを選んで生まれてくれるのね。あなたのお父さ

んや、あなたのお姉さんは、とても素晴らしい方々ですよ。早く私たちのところへ生まれてきてね」

と毎日語りかけた。その言葉を讃嘆日記にも書きつづけ、

「ほんとに素晴らしい神の子さん、誰からも愛され、親にも負担をかけず、手もかからない、ゆっくりやすんでくれる完全円満な神の子の赤ちゃん」

と書いた。

長女は三央子《みおこ》ちゃんと言ったが、とかく次の子が生まれると長崎弁で〝じける〟と言う、そんなことのないようにと、生まれる前から三央子さんによく話しておいた。

「あなたが素晴らしいお姉さんだから、赤ちゃんはあなたに会いたいと思って、お腹の中で聞いたり、観たりしているのよ。ほんとに嬉しいね」

かつて道子さんが長女を生んだ時は、もう二度と生みたくないと思ったほど苦しかったが、次の子の時は、アッと言う間の大安産だった。本来神の子が誕生するのだから、無痛分娩が当たり前と教えられて信じたので、本当にそうなったのである。

素直な至上者

この第二子は男の子で、晋一君と名づけられたが、道子さんは谷口雅春先生が書か

れた『光明道中記』の子育ての通りを実行した。即ち、その八十三、八十六頁にある如《ごと》くに育てたのである。

『（前略）泣いたときに抱いて優遇《ゆうぐう》したならば、その赤ん坊は泣いたら優遇されると知って泣き虫に育つのである。癇癪《かんしゃく》を起したときに優遇されるならば、自分の要求をきいて貰《もら》えない時に、いつでも往来《おうらい》の真中《まんなか》で大の字に寝そべって泣きわめいて、親を困らす子供になるだろう。

泣かぬ子に自分の児《こ》を育てようと思うならば、赤ん坊が泣く時にはそれが痛みの表情でない限り、無関心で放置する習慣をつけるべきである。そして赤ん坊がにこやかに機嫌《きげん》の好《よ》い時こそ、お乳をやり、又時には抱いてやっても好い。泣いている時に「おお、そうかそうか」と言って如何《いか》にも可愛《かわい》気《げ》に愛慰《あや》すならば、泣きさえすれば愛撫《あいぶ》してくれるものだと赤ん坊は思い違いするであろう。癇癪を立てている時に機嫌をとるために愛撫するならば、赤ん坊は愛撫して貰いたくなると癇癪を立てるであろう。』

『生後七ヵ月頃から、御飯を十粒《つぶ》位ずつ毎日一粒ずつ殖《ふ》やしながら食事に混《まじ》えて与えるのは胃腸の鍛練《たんれん》法になるものである。この方法を過《あやまち》なく行うときは、離乳時にお粥《かゆ》を特別与える必要はなくして、直《ただち》に固形食に移り得るものである。歯の形を見よ。人間は何を食《しょく》する生物であるか。門歯《もんし》八枚は草食動物の歯、犬歯《けんし》四枚は肉食動物の歯、残り二十枚は臼歯《きゅうし》であって穀食《こくしょく》を搗《つ》きくだくように設計せられている。人間は菜食《さいしょく》が好《よ》いか肉食が好いかは、自然を観察すれば好い。三十二枚の歯のうち四枚だけが肉食の歯であるから、肉類は全食量の1/8を適量とする。（後略）』

こうして道子さんが育てていると、晋一君は見事に何も手のかからない、ご機嫌で健康な赤ちゃんに育った。そこで母親教室も、赤ちゃんが生まれてからすぐ始めることができた。離乳食も堅《かた》いご飯を一粒ずつ増やして行って、実に楽な育児をすることができたということである。長女さんも枕元で、

「神の子赤ちゃん、ニコニコ赤ちゃん」

と呼びかけてあやしてくれたものだ。子供たちは伸び伸びと育っているし、夫婦円満大調和の家庭になった。さらに道子さんは地方講師となり、白鳩会の支部長としても大活躍しておられたのである。

このように人は皆「神の子・人間」と自覚することによって、本当に幸福となり、周囲とも調和して、世界平和にも貢献し、人類文化の発展にも寄与《きよ》することができるのだ。それは決して傲慢《ごうまん》な嫌われ者や偽善者になる教えでないこと、次に掲《かか》げる「至

上者の自覚の神示」にある通りである。

『人即《すなわ》ち神であると云《い》う真理を知らぬ者が多いのは気の毒である。「生長の家」が此世《このよ》に出現したのはすべての人々に此の至上の真理を知らさんが為《ため》である。自己が神だと悟ったら人間が傲慢になるように誤解《ごかい》したり、自己の本性《ほんせい》が神だと悟ったものを謙遜《けんそん》が足りぬと思う者は大変な思い違いである。斯《か》くの如き想像をする者は自己が神だと云う真理をまだ一度も悟って見たことがないからである。自己が神だと悟れたら人間は本当に謙遜になれるのである。キリストが弟子の足を洗うことが出来たのも、自己が神だと悟っていたからである。

本当の謙遜は「神の自覚」から来る。神を自己の本性《うち》に自覚しないものは、いくら謙遜らしく見えても、それは卑屈《ひくつ》にすぎない。卑屈と謙遜とを思い誤るな。本当の謙遜とは「自己は神より出《い》でた神の子である、従って神そのもののほか何《なに》者《もの》でもない」と云う真理を何らの抗《さか》らいもなしに承認することである。此の真理を承認するものを謙遜と云い柔和《にゅうわ》と云う。此の真理に逆《さから》う者を傲慢と云うのである。すべての傲慢と意地張《いじは》りとは「吾《わ》れ神なり」の真理を承認しないところの根《こん》本《ぽん》傲慢より分化《ぶんか》し来《きた》るのである。（後略）』

光が闇を消す如く〈完〉

光《ひかり》が闇《やみ》を消《け》す如《ごと》く〈生長の家立教七十周年記念出版〉

平成一二年三月一日　初版発行
平成一二年十月五日　五版発行

著　者　谷口清超（たにぐち　せいちょう）

発行者　岸　重人

発行所　株式会社日本教文社
東京都港区赤坂九—六—四四　〒一〇七—八六七四
電　話　〇三（三四〇一）九一一一（代表）
〇三（三四〇一）九一一四（編集）
ＦＡＸ　〇三（三四〇一）九一一八（編集）
〇三（三四〇一）九一三九（営業）

頒布所　財団法人世界聖典普及協会
東京都港区赤坂九—六—三三　〒一〇七—八六九一
振替　〇〇一一〇—七—一二〇五四九

印　刷
製　本　光明社

ISBN4-531-05210-9